—— 직장 내 괴롭힘 ——
예방·대응
실무 가이드

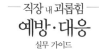

─── 직장 내 괴롭힘 ───
예방·대응
실무 가이드

초판 1쇄 발행   2023. 4. 27.

지은이 박재희, 유상지
펴낸이 김병호
펴낸곳 주식회사 바른북스

편집진행 황금주
디자인 양현경

등록 2019년 4월 3일 제2019-000040호
주소 서울시 성동구 연무장5길 9-16, 301호 (성수동2가, 블루스톤타워)
대표전화 070-7857-9719 | **경영지원** 02-3409-9719 | **팩스** 070-7610-9820

•바른북스는 여러분의 다양한 아이디어와 원고 투고를 설레는 마음으로 기다리고 있습니다.

이메일 barunbooks21@naver.com | **원고투고** barunbooks21@naver.com
홈페이지 www.barunbooks.com | **공식 블로그** blog.naver.com/barunbooks7
공식 포스트 post.naver.com/barunbooks7 | **페이스북** facebook.com/barunbooks7

ⓒ 박재희, 유상지, 2023
ISBN 979-11-92942-74-2 03330

─ 직장 내 괴롭힘 ─
예방·대응
실무 가이드

박재희 · 유상지 지음

❝ 다양한 사례! 풍부한 서식! ❞
| 직장 내 괴롭힘 예방과 대응을 위한 실무지침서 |

바른북스

목 차

Ⅰ. 서문

Ⅱ. 직장 내 괴롭힘의 이해

Ⅲ. 직장 내 괴롭힘 예방 대책

Ⅳ. 직장 내 괴롭힘 예방·대응 교육 및 홍보

Ⅴ. 직장 내 괴롭힘 대응 방안

Ⅵ. 재발 방지를 위한 조치

Ⅶ. 직장 내 유형별 사례와 대처 방안

| 부록-1 | 직장 내 괴롭힘 주요 판례

| 부록-2 | 직장 내 괴롭힘 관련 서식

I

서문

　직장은 우리가 인생에서 많은 시간을 보내며 다양한 인간관계를 맺는 장소이다. 직장에서 괴롭힘을 당하면 피해자의 인격과 존엄성이 훼손되고 일에 대한 의욕과 자신감이 저하되며, 우울증, 심장질환 등의 건강 악화가 발생할 수 있다**. 매우 심각한 경우 휴직이나 퇴직을 하게 되기도 한다. 직장 내 괴롭힘 가해자는 사내에서 자신의 이미지가 실추되고 징계처분이나 소송으로 인한 경제적, 정신적 부담을 감수해야 할 수도 있다.

　직장 내 괴롭힘은 당사자들만의 문제에 그치지 않는다. 직장 구

** 직장 내 괴롭힘으로 인한 질병이나 자살 등은 산업재해보상보험법상 산업재해로 인정될 수 있다.

성원들이 직장 내 괴롭힘 사실을 인지하게 되면 업무에 대한 의욕이 저하될 수 있고 직장 전체의 생산성에도 악영향을 미칠 수 있다. 이는 기업의 실적 악화로 이어질 수 있다. 또, 기업이 직장 내 괴롭힘을 방치한 경우 재판 등에서 사용자의 책임을 물을 수도 있고, 직장 내 괴롭힘 사실이 알려지면 기업의 대외 이미지도 나빠질 수 있다.

이 같은 직장 내 괴롭힘의 악영향에도 불구하고 직장 내 괴롭힘 신고 건수는 계속 증가하는 양상을 보이고 있다. 2022년 7월 14일에 발표한 고용노동부 자료에 따르면 2019년 7월 16일 직장 내 괴롭힘 금지 제도가 시행된 이후 약 3년간 지방고용노동관서에 접수된 직장 내 괴롭힘 신고사건은 총 18,906건이며, 이 중 2,800여 건이 개선지도를 받거나 검찰에 송치되었다.

:::::: 직장 내 괴롭힘 신고사건처리 결과 ::::

연도	접수	처리완료							처리중
		계	개선지도	검찰송치		취하	기타		
					기소			법 위반없음	
'19 (7.16~)	2,130	2,130	419	24	3	917	770	767	–
'20	5,823	5,823	894	70	26	2,459	2,400	1,365	–
'21	7,745	7,736	911	145	63	2,945	3,735	2,235	9
'22 (~6.30)	3,208	2,910	276	53	16	1,139	1,442	697	298
계	18,906	18,599	2,500	292	108	7,460	8,347	5,064	307

고용노동부는 직장 내 괴롭힘 판단 및 예방·대응 매뉴얼, 홍보 포스터, 영상교육자료를 제작하여 배포하고 직장 내 괴롭힘 상담센터(1522-9000)를 운영하는 등 직장 내 괴롭힘 예방을 위해 여러 노력을 기울이고 있다.

그럼에도 불구하고 일선 기업 현장에서는 직장 내 괴롭힘 사건 발생 시 대처에 어려움을 겪고 있다. 이에 본서에서는 효과적인 직장 내 괴롭힘 방지 대책 구축을 위한 실무적인 진행 방법과 필요한 자료 등을 제공하고자 한다.

Ⅱ

직장 내 괴롭힘의
이해

직장 내 괴롭힘 예방 대책을 마련하기에 앞서, 직장 내 괴롭힘이 무엇인가를 이해하여야 한다.

근로기준법 제76조의2는 직장 내 괴롭힘을 "사용자 또는 근로자가 직장에서의 지위 또는 관계 등의 우위를 이용하여 업무상 적정 범위를 넘어 다른 근로자에게 신체적·정신적 고통을 주거나 근무 환경을 악화시키는 행위"라 정의하고 있다. 이를 판단 요소별로 풀어보면 다음과 같다.

1. 행위자

　사용자는 근로기준법 제2조 제1항 제1호에 따른 사용자(사업주 또는 사업경영담당자, 그 밖에 근로자에 관한 사항에 대하여 사업주를 위하여 행위하는 자)를 말한다. 여기서 사업경영담당자란 사업주가 아니면서 사업경영 일반에 관하여 책임을 지는 자로서 사업주로부터 사업경영의 전부 또는 일부에 대하여 포괄적인 위임을 받고 대외적으로 사업을 대표하거나 대리하는 자(예시: 대표이사, 등기이사, 지배인 등)를 말한다.

　또, '근로자에 관한 사항에 대하여 사업주를 위하여 행위하는 자'는 사업주 또는 사업의 경영담당자로부터 권한을 위임받아 자신의 책임 아래 근로자 채용, 해고 등 인사처분을 할 수 있고 직무상 근로자의 업무를 지휘·감독하며 근로조건에 관한 사항을 결정하고 집행할 수 있는 자를 말한다. 인사담당 이사, 공장장 등이 이에 속할 수 있으나 외형상의 직위나 직급이 아니라 구체적인 직무 내용에 의해 판단해야 함에 유의할 필요가 있다.

　직장 내 괴롭힘의 가해자는 원칙적으로 피해자와 동일한 사용자와 근로관계를 맺고 있는 근로자여야 한다. 피해자인 근로자는 고용형태(정규직, 계약직, 일용직 등)나 근로계약 기간 등을 불문한다. 사업 또는 사업장 내 직접 근로관계에 있지 않은 하청근로자, 특수형태근로종사자 등은 근로기준법상 직장 내 괴롭힘 조항의 적용을 받지 않는다. 그러나 이들도 괴롭힘 행위로부터 보호할 수 있도록 사용자가 자율적으로 규율하는 것은 가능하다.

2. 행위장소

직장 내 괴롭힘에서 '직장 내'는 장소적 개념이라기보다는 업무상 연관이 있는 관계이기만 하면 되는 것으로, 직장 내 괴롭힘이 발생한 장소가 반드시 사업장 내일 필요는 없다. 예를 들어, 외근·출장지 등 업무 수행이 일어난 장소, 회식이나 기업 행사 등의 장소, 그 밖의 사적인 공간에서 발생한 경우라도 직장 내 괴롭힘이 인정될 수 있다. 사내 메신저, SNS 등 온라인을 통해 발생한 경우에도 직장 내 괴롭힘에 해당될 수 있다.

참고로, 국제노동기구(ILO)의 일터 괴롭힘에 관한 협약은 일하는 과정에서, 일과 관련하여 또는 일로부터 발생한 괴롭힘에 적용되며, 구체적으로 ① 일하는 장소로서 사적인 공간과 공적인 공간을 불문하며, ② 돈을 받는 장소, 휴식·식사를 하는 장소, 화장실·세면실·탈의실, ③ 일과 관련된 출장·이동·교육·행사 또는 사회적 활동 중의 행위, ④ 정보통신기술로 가능해지는 일과 관련된 통신을 통한 행위, ⑤ 사용자가 제공한 숙소에서의 행위, ⑥ 출퇴근 시의 행위 등에서도 적용될 수 있음을 규정하고 있다.

3. 행위요건

행위요건은 다음 세 가지 요소를 모두 충족하여야 한다.

○ **직장에서의 지위 또는 관계 등의 우위를 이용할 것**

'우위성'이란 피해 근로자가 저항하거나 거절하기 어려울 개연성이 높은 상태가 인정되어야 하며, 행위자가 이러한 상태를 이용하여야 함을 의미하는 것이다. '지위의 우위'란 기본적으로 지휘명령 관계에서 상위에 있는 경우를 의미하지만, 직접적인 지휘명령관계가 아니더라도 회사 내 직위나 직급 체계상 상위에 있음을 이용한다면 지위의 우위성이 인정될 수 있다.

'관계의 우위'란 사실상 우위를 점하고 있다고 판단되는 모든 관계가 포함된다. 주로 개인 대 집단과 같은 수적인 측면 · 연령 · 성별 · 출신학교 · 출신지역 · 인종 등 인적속성, 전문지식 등 업무역

량, 노동조합이나 직장협의회 가입 여부, 감사·인사부서 등 업무의 직장 내 영향력, 정규직인지 여부 등이 문제가 될 수 있다.

가해자와 피해자 관계에서 우위성이 있는지는 특정 요소에 대한 사업장 내 통상적인 사회적 평가를 토대로 판단하되 관계의 우위성은 상대적일 수도 있기 때문에 가해자-피해자 간에 이를 다르게 평가해야 할 특별한 사정이 있는지도 함께 확인할 필요가 있다.

한편, 지위, 관계 중 여러 요소가 복합되어 우위성을 형성할 수도 있으며 각 요소가 명확히 구분되지 않을 수 있음에 유의하여야 한다.

하급자를 직장 내 괴롭힘 가해자로 인정한 사례
(서울행정법원 2020구합74627)

가해자 A는 피해자의 하급자였지만 상급자인 B 과장과 함께 사내 메신저로 피해자에 관한 욕설을 하며 자신의 상급자를 상대로 성희롱과 괴롭힘 행위를 연달아 저지름으로써 참가인 회사의 위계질서를 심각하게 훼손하였다. A는 피해자보다 직위가 낮지만, 원고와 피해자 및 B 과장 단 3명으로 구성된 조직 내에서 가장 선임자인 B 과장과 합세하는 수법을 사용하여 피해자를 상대로 지위 및 관계상의 우위를 점할 수 있었고, 이러한 우위를 바탕으로 피해자를 괴롭힌 것이라 평가할 수 있다.

○ 업무상 적정 범위를 넘을 것

'업무상'이라 함은 문제 된 행위가 업무와 관련된 상황에서 발생하여야 한다는 것이다. 여기서의 업무관련성은 포괄적인 업무관련성을 의미한다고 보아야 할 것이므로 직접적인 업무 수행 중에 발생한 경우가 아니더라도 업무 수행에 편승하여 이루어졌거나 업무 수행을 빙자하여 발생한 경우 업무관련성이 인정될 수 있다.

반면, 명백히 개인 용무 중에 발생한 갈등 상황은 그것이 직장 내 구성원 간에 벌어진 일이라고 하더라도 사용자가 법상 조치 의무를 부담하는 직장 내 괴롭힘으로 볼 수 없다.

'적정 범위를 넘을 것'이라 함은 문제 된 행위가 사회통념에 비추어 볼 때 업무상 필요성이 인정되지 않거나, 업무상 필요성은 있더라도 그 행위 양태가 사회통념에 비추어 볼 때 상당하지 않다고 인정되어야 한다는 것이다.

따라서, 업무상 지시·주의·명령에 불만이 있더라도 그 행위가 사회통념상 업무상 필요성이 있다고 인정될 경우에는 직장 내 괴롭힘으로 인정되기 어렵다. 반면, 지시·주의·명령 행위가 폭행이나 폭언을 수반하는 등 사회통념상 상당성을 결여하였다면 업무상 적정 범위를 넘었다고 볼 수 있어 직장 내 괴롭힘에 해당될 수 있다. 또, 문제 된 행위 자체는 업무상 필요성이 인정되더라도 사업장 내 동종 유사업무를 수행하는 근로자에 비해 유독 특정인에게만 합리적 이유 없이 행해진 것이라면 사회통념에 비추어 상당하지 않은 행위라고 볼 수 있다.

||||||||||||||||||||||||||||||||||||||||||||||||||||||||||||||||||||||||||||||||||||||||||||||

| 직장 내 괴롭힘으로 인정될 수 있는 사례[**]

- 폭행이나 협박 행위는 사실관계만 인정되면 업무상 적정 범위를 넘어선 행위로 인정 가능
- 폭언, 욕설, 험담 등은 공개된 장소에서 이루어지는 등 제삼자에게 전파되어 피해자의 명예를 훼손할 정도라면 업무상 적정 범위를 넘어선 행위로 인정 가능하며, 비공개적으로 이루어졌다고 하더라도 지속·반복적인 폭언이나 욕설은 피해자의 인격권을 해치고 정신적 고통을 유발할 수 있으므로 업무상 적정 범위를 넘어선 행위로 인정 가능
- 반복적으로 개인 심부름을 시키는 등 인간관계에서 용인될 수 있는 부탁의 수준을 넘어 행해지는 사적 용무 지시는 업무상 필요성이 없으므로 업무상 적정 수준을 넘어선 행위로 인정 가능
- 집단 따돌림, 업무 수행과정에서의 의도적 무시·배제 등의 행위는 사회통념상 상당하지 않은 행위로서 업무상 적정 범위를 넘어선 행위로 인정 가능
- 근로계약 체결 시 명시했던 업무와 무관한 일을 근로자의 의사에 반하여 지시하는 행위가 상당 기간 반복되고 그 지시에 정당한 이유가 인정되지 않는다면 업무상 필요성이 없는 행위로서 업무상 적정 범위를 넘어선 행위로 인정 가능
- 업무를 과도하게 부여하는 행위는 그렇게 하도록 지시하지 않으면 안 되는 업무상 불가피한 사정이 없음에도 불구하고 해당 업무에 대하여 물리적으로 필요한 최소한의 시간마저도 허락하지 않는 등 상당성이 없다고 인정되면 업무상 적정 범위를 넘어선 행위로 인정 가능
- 업무에 필요한 주요 비품(컴퓨터, 전화 등)을 제공하지 않거나, 인터넷·사내 인트라넷 접속을 차단하는 등 원활한 업무 수행을 방해하는 행위는 사회통념상 상당성이 없는 행위로서 업무상 적정 범위를 넘어선 행위로 인정 가능

[**] 직장 내 괴롭힘 판단 및 예방·대응 매뉴얼, 고용노동부, 2019

○ 신체적 고통을 주거나 근무환경을 악화시키는 행위일 것

'근무환경을 악화시키는 것'이란 그 행위로 인하여 피해자가 능력을 발휘하는 데 간과할 수 없을 정도의 지장이 발생하는 것을 의미한다. 인사권의 행사 범위에 해당하더라도 사실적으로 볼 때 근로자가 업무를 수행하는데 적절한 환경이 아닌 경우 근무환경이 악화된 것으로 볼 수 있다. 다만, 사실행위를 넘어선 해고, 전보, 전직, 전환배치 명령 등 인사조치가 직장 내 괴롭힘으로 문제 되는 경우에는 근로기준법 제23조 제1항 위반 여부를 따져야 한다.

||||||||||||||||||||||||||||||||||||||||||||||||||||||||||||||||||||||||||||||||||||||||||||||

제23조(해고 등의 제한) ① 사용자는 근로자에게 정당한 이유 없이 해고, 휴직, 정직, 전직, 감봉, 그 밖의 징벌(懲罰)(이하 "부당해고등"이라 한다)을 하지 못한다.

직장 내 괴롭힘을 금지하는 취지가 근로자의 건강한 직업환경을 제공하기 위한 사용자의 의무 설정이라는 점을 감안하면 가해자가 불법성을 인지하고 있다거나 상대방을 괴롭히려고 하는 고의가 있는지는 직장 내 괴롭힘 여부를 판단하는데 중요한 요소가 아니다[**]. 행위자의 의도가 없었더라도 그 행위로 신체적 · 정신적 고통을 받

[**] 직장 내 괴롭힘을 예방하기 위해서 가해자의 의도를 파악하여 분석해 볼 필요는 있다.

았거나 근무환경이 악화되었다면 직장 내 괴롭힘으로 인정된다.

4. 종합적인 판단

직장 내 괴롭힘의 성립 여부는 당사자의 관계, 행위가 행해진 장소 및 상황, 행위에 대한 피해자의 명시적 또는 추정적인 반응의 내용, 행위의 내용 및 정도, 행위가 일회적 또는 단기간의 것인지 또는 계속적인 것인지 여부[**] 등의 구체적인 사정을 참작하여 종합적으로 판단하여야 한다.

피해자와 같은 처지에 있는 일반적이고도 평균적인 사람의 입장에서 신체적·정신적 고통 또는 근무환경 악화가 발생할 수 있는 행위가 있고, 그로 인하여 피해자에게 신체적·정신적 고통 또는 근무환경의 악화가 발생하였다면 직장 내 괴롭힘이 발생한 것으로 인정될 수 있다.

[**] 괴롭힘은 원칙적으로 반복되거나 지속적인 행위이어야 하나, 근로자에게 해로운 영향이 지속되는 것이라면 단 한 번의 행위도 직장 내 괴롭힘으로 인정될 여지가 있다.

5. 직장 내 괴롭힘의 유형

━━

　직장 내 괴롭힘 유형은 매우 다양하고 복합적으로 나타나기도 하지만, 대표적인 행위 유형은 다음과 같이 구분해 볼 수 있다.

:::::: 직장 내 괴롭힘 유형 ::::::

유형	예시
신체적인 공격 (폭행, 상해)	손이나 발로 타격을 하거나 상대방에게 물건을 던진다. 붙잡거나 특정 장소에 감금한다.
정신적인 공격 (협박, 명예훼손, 모욕, 심한 폭언)	직원의 인격을 부정하는 언행을 한다 업무 수행과 관련하여 필요 이상으로 장시간 동안 꾸짖는다. 다른 직원이 있는 곳에서 고성으로 꾸짖는다. 누명을 씌우거나 트집을 잡는다. 협박성 발언을 한다. 직원의 능력을 폄하하는 내용의 이메일을 다른 직원들에게 보낸다.
성적 공격	성적 수치심을 느끼게 하는 말이나 행동을 한다.
경제적 공격	부당한 평가나 근로자의 권리를 박탈하여 경제적 불이익을 준다.
인간관계로부터의 분리	직원에게 일을 주지 않고 별도의 장소에 대기하게 한다. 특정 직원을 집단적으로 무시하고 따돌린다.
과다한 요구	업무상 필요가 없는 일이나 수행 불가능한 일을 강요한다.
과소한 요구	능력이나 경력에 맞지 않는 단순한 업무를 맡긴다. 업무를 부여하지 않는다. 정당한 사유 없이 근로일이나 근로시간을 단축한다.
사생활 침해	개인의 특징, 질병, 장애, 연령, 외모 등에 관한 부적절한 발언을 한다. 사생활에 간섭한다. 개인정보를 유포한다. 직장 밖에서도 직원을 지속적으로 감시한다.

6. 개별법상 직장 내 괴롭힘 관련 규율

○ 근로기준법

사안	관련규정
사용자가 근로자를 폭행	제8조(폭행의 금지) − 5년 이하의 징역 또는 5천만 원 이하의 벌금(제107조)
정당한 이유 없는 징계, 전보 등 인사조치	제23조(해고 등의 제한) 노동위원회를 통한 구제 가능(제28조)
임신 중이거나 산후 1년이 지나지 않은 여성에 대한 괴롭힘	제65조(사용 금지) − 3년 이하의 징역 3천만 원 이하 벌금(제109조) 제70조(야간근로와 휴일근로의 제한) − 2년 이하의 징역 2천만 원 이하 벌금(제110조) 제74조(임산부의 보호) − 2년 이하의 징역 2천만 원 이하 벌금(제110조) 제74조의2(태아검진 시간의 허용 등)
임금, 근로시간과 관련한 괴롭힘	제36조(금품 청산), 제43조(임금 지급), 제56조(연장 · 야간 및 휴일근로) − 3년 이하의 징역 3천만 원 이하 벌금(제109조) 제50조(근로시간), 제53조(연장 근로의 제한), 제54조(휴게) − 2년 이하의 징역 2천만 원 이하 벌금(제110조)
직장 내 괴롭힘	제76조의2(직장 내 괴롭힘의 정의 및 금지) 제76조의3(직장 내 괴롭힘 발생 시 사용자의 조치 의무) 제93조 제11호 − '직장 내 괴롭힘의 예방 및 발생 시 조치 등에 관한 사항' 취업규칙 필수 기재의무

○ 형법

사안	관련규정
폭행, 상해	제257조(상해, 존속상해) 　- 7년 이하 징역, 10년 이하의 자격정지 또는 1천만 원 이하 벌금 제258조(중상해, 존속중상해) 　- 1년 이상 10년 이하 징역 제258조의2(특수상해) 　- 1년 이상 10년 이하 징역 제261조(특수폭행) 등 　- 5년 이하 징역 또는 1천만 원 이하 벌금
모욕, 명예훼손	제311조(모욕) 　- 1년 이하 징역 또는 200만 원 이하 벌금 제307조(명예훼손) 　- 2년 이하 징역 또는 500만 원 이하 벌금 제309조(출판물 등에 의한 명예훼손) 등 　- 3년 이하 징역 또는 700만 원 이하 벌금
협박, 강요	제283조(협박, 존속협박) 　- 3년 이하 징역 또는 500만 원 이하 벌금 제284조(특수협박) 　- 7년 이하 징역 또는 1천만 원 이하 벌금 제324조(강요) 　- 5년 이하 징역 또는 3천만 원 이하 벌금
성폭행, 성추행	제297조(강간) 　- 3년 이상 유기징역 제297조의2(유사강간) 　- 2년 이상 유기징역 제298조(강제추행) 　- 10년 이하 징역 또는 1천500만 원 이하 벌금 제303조(업무상 위력 등에 의한 간음) 등 　- 7년 이하 징역 또는 3천만 원 이하 벌금

○ 남녀고용평등 및 일 · 가정 양립지원에 관한 법률

사안	관련 규정
직장 내 성희롱	제12조(직장 내 성희롱의 금지) －사업주: 1천만 원 이하 과태료(제39조 제1항) 제14조의2(고객 등에 의한 성희롱 방지)
육아휴직, 배우자 출산휴가, 난임휴가, 육아기 근로시간 단축 등 모성보호에 관한 괴롭힘	제18조의2(배우자 출산휴가) 제18조의3(난임치료휴가) 제19조(육아휴직) 제19조의2(육아기 근로시간 단축) 제22조의2(근로자의 가족 돌봄 등을 위한 지원)

○ 민법

사안	관련 규정
직장 내 괴롭힘 행위 전반	제750조(불법행위의 내용) 제751조(재산 이외의 손해의 배상) 제756조(사용자의 배상책임)
괴롭힘 행위를 방조하거나 이를 방조한 사용자에 대한 사용자 책임 안전배려의무 위반에 따른 책임	제756조(사용자의 배상책임) 제760조(공동불법행위자의 책임)

직장 내 괴롭힘 예방 대책

1. 최고경영책임자의 의지 표명

―

최고경영자는, 직장 내 괴롭힘 방지는 최고경영책임자를 포함한 전 임직원이 중요하게 여겨야 하는 과제이며 직장 내 괴롭힘 예방이 왜 중요한지를 명확히 전달하여야 한다. 최고경영책임자의 의지 표명은 직장 내 괴롭힘 예방을 위한 정책, 가이드라인, 규정, 조직문화 등을 형성하는 시작점이 된다는 점에서 중요하다.

최고경영자가 그 의지를 표명하는 메시지를 내보낼 때는 다음과 같은 내용이 포함되는 것이 바람직하다.

- 직장 내 괴롭힘은 매우 중대한 문제이다.
- 직장 내 괴롭힘은 엄격히 금지되며 적발 시 간과하거나 용서하지 않는다.
- 직장 내 괴롭힘에 대한 임직원의 의식이 바뀌어야 한다.
- 직장 내 괴롭힘을 당한 경우 상담을 받을 수 있다.
- 상담자의 비밀은 유출되지 않으며 상담자에게 불이익을 주지 않는다.
- 임직원의 인권은 존중된다.

‖‖‖

▌ 최고경영책임자 메시지 예시

직장 내 괴롭힘 행위는 인권과 관련된 문제이며 직원의 존엄성을 훼손하고 근무 환경을 악화시키는 중대한 문제입니다.
우리는 직장 내 괴롭힘을 용인하지 않으며 모든 직원이 서로 존중할 수 있는 안전하고 편안한 직장 환경을 만들기 위해 노력합니다.
모든 임직원은 교육 등을 통해 직장 내 괴롭힘에 대한 지식과 대응 능력을 향상시키고 직장 내 괴롭힘이 발생하지 않는 기업 풍토를 만드는 데 노력을 기울여 주시기 바랍니다.

최고경영자가 이윤극대화를 추구하면서 성과를 올리기 위해 통제를 강화하거나 무리한 업무 지침을 시행하는 경우 그러한 조직 방침 자체 또는 방침을 시행하는 과정에서 직원에 대한 인격적 모

독이나 정신적 스트레스가 발생할 수 있다는 것 또한 충분히 주지
하여야 한다.

2. 규정 마련

최고경영책임자의 의지를 구체화하기 위해서는 규정 마련이 뒤
따라야 한다. 근로기준법 제93조 제11호에서는 '직장 내 괴롭힘의
예방 및 발생 시 조치 등에 관한 사항'을 취업규칙의 필수 기재 사
항으로 정하고 있으며, 동 법 제76조의3에서는 직장 내 괴롭힘 발
생 시 조치에 대해 규정하고 있으므로 우선적으로 이에 따라야 할
것이다. 직장 내 괴롭힌 방지에 관한 세부 규정을 정하고자 할 때는
취업규칙에 위임의 근거 규정을 마련한 후 '직장 내 괴롭힘 예방에
관한 내규' 등을 두는 것도 가능하다. 노동조합이 있는 기업에서는
단체협약의 형태로 규정을 마련할 수도 있다.

규정을 마련하는 것은 직장 내 괴롭힘에 해당하는 언동을 했을
경우에 구체적으로 어떤 조치가 이루어지는지는 명확하게 하고 직
원들에게 인식하게 함으로써 직장 내 괴롭힘을 방지하는 것을 목적
으로 한다.

규정은 임직원들이 이해하기 쉽고 가능한 한 구체적이어야 한다. 취업규칙에 직장 내 괴롭힘 관련 규정을 새롭게 두거나 기존의 규정을 변경하는 경우 노동조합이나 근로자를 대표하는 자의 의견을 청취하거나 동의(불이익한 변경인 경우)를 얻게 되어있으므로 해당 규정의 목적이나 의의를 충분히 설명하고 의견을 교환하고 필요시 동의 절차를 거쳐 취업규칙을 변경하는 것이 바람직하다. 특히, 직장 내 괴롭힘 행위자에 대한 사내 징계규정을 신설 또는 강화하는 내용은 근로조건의 불이익 변경이므로 근로자 과반수의 동의가 필요함에 유의하여야 한다.

규정은 법령의 내용 등 다음의 내용이 포함될 수 있으며 사업장 사정을 고려하여 조정될 수 있다.

||||||||||||||||||||||||||||||||||||||||||||||||||||||||||||||||||||||||||||||||||||||||||

▮ 직장 내 괴롭힘 관련 규정의 내용 예시

① 직장 내 괴롭힘 금지규정: 개념과 요건
② 직장 내 괴롭힘 신고: 신고접수기관, 신고접수방식과 절차, 신고서식
③ 직장 내 괴롭힘 조사: 내부 또는 외부의 조사기관, 조사기간 · 절차 · 방법 · 서식
④ 피해근로자에 대한 임시조치−조치권자, 조치유형(근무장소 변경, 유급휴가 등), 임시조치의 기간, 피해 근로자 의사확인절차
⑤ 직장 내 괴롭힘 심사: 심사 및 의결기관과 절차, 심사위원의 구성, 괴롭힘 여부 판정
⑥ 행위근로자에 대한 조치: 피해근로자의 의견, 심사 의결에 따른 행위자에 대한 근무장소 변경, 징계회부 등
⑦ 피해자에 대한 조치−피해자의 요청과 이에 따른 조치(근무장소 변경, 배치전환, 유급휴가 등)

⑧ 불이익조치의 금지: 금지대상자, 불이익조치의 유형 등

⑨ 직장 내 괴롭힘 조사 시 비밀유지 의무

⑩ 직장 내 괴롭힘 예방 교육의 실시에 관한 사항

⑪ 직장 내 괴롭힘 여부 판정이나 조치에 대한 이의제기 절차

⑫ 사업주에 의한 직장 내 괴롭힘 발생 시 신고 및 접수 절차

취업규칙에서 위임한 '직장 내 괴롭힘 예방에 관한 내규' 작성 예시

취업규칙

제OO조(직장내 괴롭힘 금지) ① 직장 내 괴롭힘이 발생한 경우 인사규정 제XX조 (복무) 및 제YY조(징계의 사유)에 따라 조치한다.

② 제1항에서 정한 것 외에 직장 내 괴롭힘에 대한 사항은 '직장 내 괴롭힘 예방에 관한 내규'에 따른다.

직장 내 괴롭힘 예방에 관한 내규

제1조(목적) 이 내규는 취업규칙 OO조에 따라 직장 내 괴롭힘을 예방하기 위해 임직원이 준수하여야 할 사항 및 직장 내 괴롭힘 발생 시 조치 방안에 대해 정하는 것을 목적으로 한다.

제2조(정의) ① 직장 내 괴롭힘이란 사용자 또는 근로자는 직장에서의 지위 또는 관계 등의 우위를 이용하여 업무상 적정 범위를 넘어 다른 근로자에게 신체적·정신적 고통을 주거나 근무환경을 악화시키는 행위를 말한다.

② '직장에서의 지위 또는 관계 등의 우위를 이용하여'란 직속 상사인 경우뿐만 아니라, 직속 상사 이외에 선후배 관계 등의 인간관계에 의해 상대방에게 실질적인 영향력을 갖는 경우, 경력이나 지식·기술 차이가 있는 동료나 부하가 실질적인 영향력을 갖는 경우를 포함한다.

③ '직장'이란 사업장 내 뿐만 아니라 임직원이 업무를 수행하는 모든 장소를 의미한다.

④ 이 규정은 정규직, 계약직, 시간제직원 기타 명칭의 여하를 불문하고 회사에 고용된 모든 임직원에게 적용한다.

제3조(금지행위) ① 모든 임직원은 직장에서의 지위 또는 관계 등의 우위를 이용하여 업무상 적정 범위를 넘어 다른 근로자에게 신체적 · 정신적 고통을 주거나 근무환경을 악화시키는 행위를 하여서는 안 된다.
② 상급자는 부하직원이 직장 내 괴롭힘을 당하고 있다는 사실을 안 때에는 이를 묵인하여서는 안 된다.
③ 회사에서 금지되는 구체적인 직장 내 괴롭힘 행위는 다음 각 호와 같다.
   1. 신체에 대하여 폭행하거나 협박하는 행위
   2. 지속 · 반복적인 욕설이나 폭언
   3. 다른 직원들 앞에서 또는 온라인상에서 모욕감을 주거나 개인사에 대한 소문을 퍼뜨리는 등 명예를 훼손하는 행위
   4. 합리적 이유 없이 반복적으로 개인 심부름 등 사적인 용무를 지시하는 행위
   5. 합리적 이유 없이 업무능력이나 성과를 인정하지 않거나 조롱하는 행위
   6. 집단적으로 따돌리거나, 정당한 이유 없이 업무와 관련된 중요한 정보 또는 의사결정 과정에서 배제하거나 무시하는 행위
   7. 정당한 이유 없이 상당 기간 동안 근로계약서 등에 명시되어 있는 업무와 무관한 일을 지시하거나 근로계약서 등에 명시되어 있는 업무와 무관한 허드렛일만 시키는 행위
   8. 정당한 이유 없이 상당기간 동안 일을 거의 주지 않는 행위
   9. 그밖에 업무의 적정 범위를 넘어 직원에게 신체적·정신적 고통을 주거나 근무환경을 악화시키는 행위

제4조(징계) 제3조에서 금지하는 행위를 한 사실이 인정되는 경우에는 인사규정 제XX조 및 제YY조에 따라 징계처분한다.

제5조(직장 내 괴롭힘에 대한 상담) ① 직장 내 괴롭힘 상담실은 본사 및 각 사업장마다 마련하고, 인사팀의 소관업무로 한다.
② 직장 내 괴롭힘의 피해자뿐만 아니라 누구라도 상담을 신청할 수 있다.

③ 상담업무 담당자가 상담신청을 받았을 때는 대응 매뉴얼에 따라 사실을 확인한 후 본사는 인사팀장, 각 사업장은 소속 부서장에게 보고하여야 한다.

④ 인사팀장 또는 소속 부서장은 상담신청자의 비밀 준수에 유의하여 행위자, 피해자, 상사 및 기타 임직원 등을 통해 사실관계를 파악하여야 한다.

⑤ 인사팀장 또는 소속 부서장에게 사실관계에 대한 진술을 요청받은 임직원은 정당한 사유 없이 이를 거부할 수 없다.

⑥ 각 사업장의 소속 부서장은 인사팀장에게 사실관계를 보고하여야 하며, 인사팀장은 직장 내 성희롱 문제해결을 위해 징계, 전보, 그 밖에 피해자의 근로조건 및 근로환경을 개선하기 위해 필요한 조치를 강구하여야 한다.

⑦ 직장 내 성희롱 사건 관계자의 비밀은 보호되어야 하며 상담을 한 것이나 사실관계 확인에 협조한 것을 이유로 불리한 취급을 당하지 않는다.

제6조(재발 방지 의무) ① 직장 내 괴롭힘이 발생한 경우 인사팀장은 직장 내 괴롭힘이 발생하여서는 안 되며 가해자에 대해서는 엄정히 대처하겠다는 내용을 임직원들에게 주지시켜야 하며, 직장 내 괴롭힘 발생 원인 파악, 교육 실시 등 적절한 재발 방지 대책을 강구하여야 한다.

3. 직장 내 괴롭힘 실태 파악

직장 내 괴롭힘 실태를 파악하기 위해 설문조사를 실시할 수 있다. 설문조사를 통해 직장 내 괴롭힘 유무와 임직원의 의식을 파악할 수 있고, 임직원들이 직장 내 괴롭힘에 대해 돌이켜 볼 수 있는 기회를 제공하는 효과도 있다. 설문조사 시에는 그 대상이 편향되지 않도록 하고 정확한 실태 파악과 응답률 제고를 위해 익명으로 실시하는 것이 효과적이다. 일반적인 서면이나 이메일 등에 파일을 첨부하여 설문조사를 실시할 수도 있고 인터넷을 통해 실시할 수도 있다.

∷∷∷주요 설문조사 방법과 장단점∷∷∷

	종이	전자파일	인터넷
내용	설문지를 인쇄하여 배포하는 방법	이메일로 조사표 파일을 배포하여 답변을 받는 방법. 이메일로 회신받는 방법과 응답자가 인쇄한 것을 제출하는 방법이 있다.	인터넷상에서 설문조사를 실시하는 구조로 구글, 네이버 등에서 제공하는 양식을 이용할 수 있다.
장점	이메일 주소가 없어도 실시할 수 있으며, 응답자가 여유시간에 조금씩 답변하여 회신할 수 있으므로 부담이 적다.	응답자가 인쇄하여 제출하도록 하는 방법의 장점은 종이를 이용한 경우와 같다. 이메일로 회수하는 경우에는 인쇄비용이 들지 않고 설문지 집계 시 누락이 적다.	인쇄비용이 들지 않고 설문지를 제어(필수응답, 복수응답 등)하기가 용이하다. 익명성이 잘 보장된다.
단점	인쇄비용이 필요하며 응답자가 회수 시에 응답내용이 누출되거나 필적 등으로 개인의 특정되는 것에 대한 우려를 가질 수 있다. 분석을 하기 위해서는 설문응답을 전산화하여야 한다.	응답자가 인쇄하여 제출하도록 하는 방법의 단점은 종이를 이용한 경우와 같다. 개인에게 이메일이 없거나 PC 사용이 능숙하지 못한 계층에게는 적용이 어려울 수 있다.	회사의 정보보안설정으로 인해 사용할 수 없는 경우가 있다. 설문 응답 도중 중간 저장하는 기능이 없으면 한꺼번에 응답을 해야 하므로 응답자의 부담이 커진다.

다음의 예시는 직장 내 괴롭힘을 확인할 수 있는 설문지이다. 각 기업의 사정에 따라 적절히 변형하여 사용하면 직장 내 괴롭힘 실태를 파악하는 데 유용하다.

||||||||||||||||||||||||||||||||||||||||||||||||||||||||||||||||||||||||||||||||||||

우리 회사의 직장 내 괴롭힘 실태를 파악하기 위한 설문조사입니다. 답변 내용은 담당 부서 관계자만 열람·활용할 수 있으며, 응답자의 비밀은 보장됩니다. 또, 설문 응답 내용을 이유로 불이익을 주지 않습니다. 정확한 실태 파악을 위해 진솔한 답변을 부탁드립니다.

1. 귀하의 근속 기간은 얼마입니까?
　　① 1년 미만 ② 1~3년 ③ 3~5년 ④ 5~10년
　　⑤ 10~15년 ⑥ 15~20년 ⑦ 20년 이상

2-1. 귀하의 직책은 무엇입니까?
　　① 임원 ② 관리자(팀장급) ③ 실무자(정규직)
　　④ 실무자(계약직) ⑤ 파견직 ⑥ 기타

2-2. 귀하가 관리하고 있는 직원은 몇 명입니까?
　　① 없음 ② 1~2명 ③ 3~5명 ④ 5~10명 ⑤ 11~15명 ⑥ 15명 이상

3. 현재 귀하의 직장 내 인간관계는 어떻다고 생각하십니까?
　　① 매우 좋다 ② 좋은 편이다 ③ 그저 그렇다
　　④ 좋지 않은 편이다 ⑤ 매우 좋지 않다

이 조사에서는 직장 내 괴롭힘을 '사용자 또는 근로자는 직장에서의 지위 또는 관계 등의 우위를 이용하여 업무상 적정 범위를 넘어 다른 근로자에게 신체적·정신적 고통을 주거나 근무환경을 악화시키는 행위'로 정의하고 있습니다. 이에는 상사가 부하에게 하는 행위뿐만 아니라 선배와 후배, 동료 간에 지위·경력·인원수 등 다양한 우위성을 바탕으로 행해지는 행위가 포함됩니다. 업무상 필요한 범위 내의 주의나 지도는 직장 내 괴롭힘이 아니며 업무상 불필요하거나 업무상 필요하더라도 그 정도가 지나친 행위들이 직장 내 괴롭힘이 됩니다.

4. 귀하는 지난 3년간(근무 기간이 3년 미만인 경우에는 그 기간 동안) 직장 내 괴롭힘을 당하고 있다고 느낀 적이 있습니까?

   ① 직장 내 괴롭힘을 당했다. → 5번 질문으로

   ② 직장 내 괴롭힘을 당한 적이 없다. → 9번 질문으로

5. 귀하가 겪은 직장 내 괴롭힘은 다음 중 어느 것에 해당합니까? **(복수응답 가능)**

   ① 폭행, 상해(신체적 공격)

   ② 협박, 명예훼손, 모욕, 심한 폭언(정신적 공격)

   ③ 따돌림, 무시 등 인간관계에서 분리

   ④ 업무상 불필요하거나 수행 불가능한 것을 강요

   ⑤ 합리적인 이유 없이 능력이나 경력에 맞지 않는 단순한 업무를 부여

   ⑥ 사생활 침해

   ⑦ 기타(구체적인 내용:)

6. 귀하가 겪은 직장 내 괴롭힘은 현재 어떠한 상태입니까?

7. 귀하가 겪은 직장 내 괴롭힘에서 누가 누구에게 직장 내 괴롭힘을 하였습니까 (행위자와 본인의 관계)? **(복수응답 가능)**

   ① 상사가 부하직원에게

   ② 선배가 후배에게

   ③ 정규직원이 정규직원이 아닌 직원(계약직, 파견직 등)에게

   ④ 정규직원 동료끼리

   ⑤ 부하직원이 상사에게

   ⑥ 후배가 선배에게

   ⑦ 정규직원이 아닌 직원(계약직, 파견직 등)이 정규직원에게

   ⑧ 정규직원이 아닌 직원 동료끼리

   ⑨ 기타(구체적인 내용:)

8. 귀하는 직장 내 괴롭힘을 당한 후 누구와 상담하였습니까?

① 인사팀 등 사내 담당 부서(직장 내 괴롭힘 상담센터 제외)

② 사내 직장 내 괴롭힘 상담센터

③ 사내 동료

④ 사내 상사

⑤ 노동조합

⑥ 회사에서 외부에 설치한 상담센터

⑦ 회사와 관계가 없는 전문가(상담센터, 전문의 등)

⑧ 변호사 또는 공인노무사

⑨ 고용노동부 등 공적 기관

⑩ 기타(구체적인 내용:)

⑪ 아무것도 하지 않았다.

9. 귀하는 지난 3년 동안 우리 회사에서 다른 사람이 직장 내 괴롭힘을 당하고 있는 것을 보거나 다른 사람으로부터 직장 내 괴롭힘에 대한 상담을 요청받은 것이 있습니까?

① 직장 내 괴롭힘을 목격하거나 관련 상담을 요청받은 적이 있다 → 10번 질문으로

② 직장 내 괴롭힘을 목격하거나 관련 상담을 요청받은 적이 없다. → 14번 질문으로

10. 귀하가 보거나 상담을 요청받은 직장 내 괴롭힘은 다음 중 어느 것에 해당합니까? **(복수응답 가능)**

① 폭행, 상해(신체적 공격)

② 협박, 명예훼손, 모욕, 심한 폭언(정신적 공격)

③ 따돌림, 무시 등 인간관계에서 분리

④ 업무상 불필요하거나 수행 불가능한 것을 강요

⑤ 합리적인 이유 없이 능력이나 경력에 맞지 않는 단순한 업무를 부여

⑥ 사생활 침해

⑦ 기타(구체적인 내용:)

11. 귀하가 보거나 상담을 요청받은 직장 내 괴롭힘의 현재 상태는 어떻습니까?

12. 귀하가 보거나 상담을 요청받은 직장 내 괴롭힘에서 누가 누구에게 직장 내 괴롭힘을 하였습니까(행위자와 본인의 관계)? **(복수응답 가능)**
   ① 상사가 부하직원에게
   ② 선배가 후배에게
   ③ 정규직원이 정규직원이 아닌 직원(계약직, 파견직 등)에게
   ④ 정규직원 동료끼리
   ⑤ 부하직원이 상사에게
   ⑥ 후배가 선배에게
   ⑦ 정규직원이 아닌 직원(계약직, 파견직 등)이 정규직원에게
   ⑧ 정규직원이 아닌 직원 동료끼리
   ⑨ 기타(구체적인 내용:)

13. 귀하는 직장 내 괴롭힘을 보거나 상담을 받은 후 어떻게 행동하였습니까?
   (복수응답 가능)
   ① 피해자의 이야기를 들어주었다.
   ② 피해자에게 조언을 하였다.
   ③ 상담센터 등에 직장 내 괴롭힘 사실을 알렸다.
   ④ 기타(구체적인 내용:)
   ⑤ 아무것도 하지 않았다.

14. 지난 3년간(근무 기간이 3년 미만인 경우에는 그 기간 동안) 귀하는 상대방이 직장 내 괴롭힘이라고 느꼈을지도 모를 언동을 한 적이 있습니까?
   ① 있다
   ② 없다

15. **[관리자(팀장급 이상)만 응답]** 최근 3년간 부하직원에게 한 적이 있는 행위를 모두 표시하여 주시기 바랍니다.

① 부하의 실수에 대해 강하게 꾸짖는다.

② 부하직원에게 서류를 던진다.

③ 부하직원을 꾸짖으면서 물건 등으로 부하직원의 신체를 두드린다.

④ 책상을 두드려 가며 언성을 높인다.

⑤ 퇴근 후 회식이나 휴일에 출근을 강요한다.

⑥ 회의실 등에 혼자만 있게 하는 등 본래 업무에서 배제시킨다.

⑦ 시간이 충분하지 않다는 것을 알면서도 정해진 기한 내에 자료 작성 등을 지시한다.

⑧ 업무를 진행하는 데 필요한 정보를 고의로 주지 않는다.

⑨ 능력과 경력에 맞지 않는 단순한 업무만 부여한다.

⑩ 개인의 취미나 기호에 대해 필요 이상으로 묻는다.

⑪ 부하직원을 동료들이 듣는 곳에서 꾸짖는다.

⑫ 상기한 행동을 한 적이 없다.

16. **[관리자(팀장급 이상)만 응답]** 직장 내 괴롭힘과 관련하여 귀하가 평소에 주의하는 점은 무엇입니까? **(복수응답 가능)**

① 내 스스로가 직장 내 괴롭힘에 해당하는 행동을 하지 않으려고 주의한다.

② 내 부하직원이 직장 내 괴롭힘에 해당하는 행동을 하지 않도록 주의한다.

③ 부하직원이나 동료 직원의 기분을 상하게 하지 않는 언행을 하도록 주의한다.

④ 개인의 사생활에 관여하지 않는다.

⑤ 회식 참가를 강요하지 않는다.

⑥ 가급적 부하직원이나 동료 직원에게 조언을 하는 것을 삼간다.

⑦ 기타(구체적인 내용:)

⑧ 특별히 없다.

17. 우리 회사의 직장 내 괴롭힘 대응 방안에 대하여 귀하의 의견과 일치하는 곳에 표기해 주시기 바랍니다.

	그렇다	중립	아니다	모름
직장 내 괴롭힘을 하지 말아야 하는 행동으로 규정하고 일하기 좋은 근무환경 만들기에 노력하고 있다	1	2	3	4
직장 내 괴롭힘을 겪거나 목격하였을 때 어디서 누구와 상담하면 좋은지 명확히 규정하고 있다.	1	2	3	4
직장 내 괴롭힘을 겪거나 목격하였을 때 안심하고 상담할 수 있다.	1	2	3	4
직장 내 괴롭힘으로 의심되는 상황이 접수되면 당사자나 관계자를 통해 실태 파악을 하고 있다.	1	2	3	4
직장 내 괴롭힘이 확인되면 가해자에게 그에 상응하는 처분을 한다.	1	2	3	4
직장 내 괴롭힘 피해자의 의견을 듣고 적절한 배려를 한다.	1	2	3	4
경영진과 보직자들은 직장 내 괴롭힘 행위를 하지 않겠다는 의식을 가지고 있다.	1	2	3	4
직원들은 직장 내 괴롭힘에 대해 잘 이해하고 있다.	1	2	3	4

18. 귀하가 생각할 때 우리 회사가 직장 내 괴롭힘에 대해 직원들에게 설명하거나 교육을 하는 등 직장 내 괴롭힘 예방과 해결을 위해 노력하고 있습니까?

① 적극적으로 노력하고 있다.

② 노력하고 있다.

③ 거의 노력하지 않는다.

④ 전혀 노력하지 않는다.

⑤ 모르겠다.

19-1. 우리 회사는 직장 내 괴롭힘 예방과 해결을 위해 다음의 여러 방안을 시행하고 있습니다. 귀하가 알고 있는 것에 표시하여 주시기 바랍니다.

19-2. 우리 회사가 실시하고 있는 직장 내 괴롭힘 예방과 해결을 위한 방안들은 실제로 도움이 된다고 생각하십니까?

	19-1	19-2			
	알고 있는 방안	유용함	중립	유용하지 않음	모름
'직장 내 괴롭힘이 발생하지 않도록 하겠다'라는 최고경영자의 의지 표명	1	1	2	3	4
벌칙 규정 마련	2	1	2	3	4
교육 실시	3	1	2	3	4
실태 파악을 위한 설문조사	4	1	2	3	4
전문상담 창구 설치	5	1	2	3	4
직장 내 괴롭힘 예방 포스터 게시	6	1	2	3	4
기타(구체적인 내용:)	7	1	2	3	4
아는 것이 하나도 없다.	8				

20. 귀하는 회사가 직장 내 괴롭힘의 예방과 해결을 위해 노력해야 한다고 생각하십니까?
① 적극적으로 노력해야 한다.
② 대응은 필요하지만 신중하게 진행해야 한다.
③ 대응할 필요가 없다.
④ 모르겠다.

21. 20번의 답변 이유를 기재하여 주시기 바랍니다.

22. 귀하가 직장 내 괴롭힘의 예방과 해결을 위한 대응 방안으로 회사가 실시하였으면 좋겠다고 생각하거나 더욱 강화해야 한다고 생각하는 것이 있다면 표기하여 주시기 바랍니다. **(복수응답 가능)**
① '직장 내 괴롭힘이 발생하지 않도록 하겠다'라는 최고경영자의 의지 표명
② 벌칙 규정 마련
③ 교육 실시
④ 실태 파악을 위한 설문조사
⑤ 전문상담 창구 설치
⑥ 직장 내 괴롭힘 예방 포스터 게시
⑦ 기타(구체적인 내용:)

23. 직장 내 괴롭힘과 관련하여 건의 사항이 있으면 기재하여 주시기 바랍니다.

※ 설문에 응답해 주셔서 감사합니다.

> 직장 내 괴롭힘에 대해 상담을 하고자 할 경우에는 인사팀이나 다음의 사내 상담센터를 이용해 주시기 바랍니다.
>
> 인사팀: 내선 OOOO, 사내 상담센터: 내선 XXXX
>
> 인사팀이나 상담센터에서는 상담자의 비밀을 보장하며 상담자의 동의를 얻기 전에는 어떠한 조사도 시작하지 않습니다.

설문조사를 실시하고 나서 후속 조치가 없으면 직원들은 불신감을 가질 수 있다. 그러므로 설문조사 결과를 공표하여 임직원의 의식을 높이는 데 이용하거나 분석 결과에 따른 대응 방안을 마련하는 등의 후속 조치가 필요하다. 직장 내 괴롭힘과 관련된 여러 설문

지**를 활용하여 회사 전체 혹은 부서별, 팀별, 직장 내 괴롭힘에 대한 위험수준, 직무 스트레스의 정도, 관계 갈등 수준 등을 평가하여야 대응 방안을 수립하여야 한다.

또, 개인의 직장 내 직장 내 괴롭힘에 대한 위험수준 및 정신건강 상태를 평가하여 결과에 따라 정상군, 위험군, 고위험군으로 분류하는 것도 도움이 되며, 개인 위험군과 집단 위험군(부서)을 분류할 필요도 있다.

위험요인과 위험수준에 따라 조직관리, 집단 교육, 개인 상담, 집단 상담 등 다양한 예방·관리 프로그램을 구성하여 진행하여야 하며, 설문조사 결과 직장 내 괴롭힘이 발생하고 있다는 것이 드러난 경우에는 그 원인을 규명하고 재발 방지를 위한 대처에 나서야 한다.

||||||||||||||||||||||||||||||||||||||||||||||||||||||||||||||||||||||||||||||||||||||||||||||

| 활용 가능한 심리상담 전문기관

- 근로자건강센터: 1577-6497(별첨 참조)
- 정신건강복지센터: 1577-0199(보건복지콜센터 129)
- 근로복지넷 EAP(workdream.net): 근로복지공단 사이트에서 EAP 배너 클릭
- 직장 내 괴롭힘 상담센터: 1522-9000
- 고용노동부 상담센터: 1350

***

** 직장 내 괴롭힘 관련 실태조사 설문지(한국노동연구원, 2017), 직무 스트레스 요인 측정지침 (KOSHA GUIDE, 2012), 한국대인갈등 설문(KICQ: Korean Interpersonal Conflict Questionnaire, 2016), 부적적 행동 경험 설문지(The Negative Acts Questionnaire, NAQ-R, 2008) 등으로 정신 건강 상태 평가할 수 있다.

Ⅳ.

직장 내 괴롭힘
예방·대응 교육 및 홍보

1. 직장 내 괴롭힘 예방 및 대응 교육
—

　직장 내 괴롭힘 예방 교육은 전 임직원을 대상으로 정기적으로 실시하는 것이 중요하다. 중도 입사자에 대해서도 입사 시 교육이나 설명을 하여 임직원 전원이 교육을 이수할 수 있도록 하여야 한다.

　관리자와 실무직원을 구분하여 계층별로 교육을 하는 것이 효과적이지만 기업 규모가 작다면 관리자와 실무직원을 함께 교육하여도 무방하다. 교육내용은 최고경영책임자의 방침, 직장 내 괴롭힘과 관련된 법령 및 취업규칙, 직장 내 괴롭힘 발생 시 대응 방안과 구체적인 사례 등으로 구성하는 것이 일반적이다.

직장 내 괴롭힘 교육의 실시 주기·방법·강사의 자격에 대해서는 법령에서 정한 바가 없다. 고용노동부에서 제공하는 직장 내 괴롭힘 예방 교육 자료를 이용하여 회사 자체적으로 교육을 할 수도 있고, 공인노무사 등 외부 전문가에게 강의를 의뢰할 수도 있다. 기존의 성희롱 예방 교육이나 안전보건교육 또는 인권교육에 내용과 시간 등을 확대·보완하는 방식의 교육도 무방하다.

서울시 평생학습포털(http://sll.seoul.go.kr) 등 지방자치단체가 운영하는 평생학습 사이트에서는 무료 온라인 교육을 제공하고 수료증도 발급하고 있으므로 이를 활용하는 것도 좋은 방법이 될 수 있다.

:::::: 직장 내 괴롭힘 예방 교육내용 및 대상 ::::::

	교육내용 및 대상	근로자	관리자
괴롭힘의 정의	직장 내 괴롭힘의 정의	V	V
	직장 내 괴롭힘 행위의 유형 및 사례	V	V
근로자 보호	근로자의 권리: 괴롭힘당하지 않을 권리, 피해사실 호소 후 보호받을 권리	V	V
	괴롭힘 목격 시 목격자의 역할	V	V
직장 내 괴롭힘의 원인과 피해	개인 차원의 직장 괴롭힘 원인	V	V
	조직 차원의 직장 괴롭힘 원인	V	V
	개인 차원의 피해	V	V
	조직 차원의 피해	V	V
괴롭힘 대응	신고하기 위한 회사 내부의 소통 창구	V	V
	노조 등 근로자 단체의 대응	V	V
	신고하기 위한 회사 외부의 소통 창구	V	V
	괴롭힘을 겪을 시 피해자가 할 수 있는 조치	V	V
	사례접수 시 관리자/담당자가 할 수 있는 조치	V	V
	직장 내 괴롭힘 대응 절차의 사례	V	V
	예방을 위한 경영자/관리자 역할의 중요성		V
사업주의 의무	관련 법규 및 가해자 처벌 방식		V
	피해자 회복 프로그램 운영		V
	문제 상황에 대한 소통 강화 교육		V

교육내용 및 대상	
	〈공통〉 • 관련 법규: 근로기준법, 남녀고용평등법 등 • 특정 행위가 괴롭힘임을 파악할 수 있는 증상 진단 방법 • 인권 및 평등 교육
추가로 고려할 수 있는 콘텐츠	〈관리자용〉 • 관련 법규 및 가해자 처벌 방법 • 피해자 회복 프로그램 운영 방법 • 특별 교육(가해자 재발 방지, 피해자 보상 등) • 경찰과 외부 공조 • 문제 상황에 대한 소통역량 강화 교육

출처: 직장 내 괴롭힘 판단 및 예방 · 대응 매뉴얼, 고용노동부, 2019

2. 직장 내 괴롭힘 예방 및 대응 홍보

정기적인 교육 외에 이메일, 포스터 등으로 직장 내 괴롭힘 예방에 대한 홍보를 하는 것도 필요하다. 포스터는 고용노동부에서 제공하는 것을 활용하거나 자체 제작할 수도 있다. 간략한 교육내용이 반영된 리플렛을 배포하거나 급여명세서 하단에 캠페인 문구를 기재하는 것도 좋은 방법이다. 직장 내 괴롭힘 포스터 외에 직장 내 성희롱 금지 등 관련 내용의 포스터를 함께 붙이면 효과가 배가될 수 있다.

3. 근로자의 역할

○ 상호 존중

사업주 및 동료 근로자는 평소에 상호 존중의 태도를 가져야 한다. 자신도 직장 내 괴롭힘의 피해자 또는 가해자가 될 수 있음을 인지하고, 직장 내에서 건강한 인간관계를 조성하기 위해 노력하여야 한다.

○ 이해와 공감

근로자는 직장 내 괴롭힘 발생 시 상대방을 이해하고 공감해 주어야 한다. 근로자는 피해자의 직장 내 괴롭힘으로 인한 호소를 인정하고, 피해자가 더 이상의 피해를 입지 않도록 피해자 입장에 서서 이해하도록 노력해야 한다. 근로자는 각자의 성향이나 특성이 다르다는 것을 인정하고 다름에서 오는 갈등이나 차이를 중재하거나 조율하기 위해 노력해야 한다.

○ 직장 내 괴롭힘 예방을 위한 준수사항 지키기

근로자들은 다음 각 사항을 주지하고 준수하여야 한다.

||||||||||||||||||||||||||||||||||||||||||||||||||||||||||||||||||||||||||||||||||||||||||||||||

▌직장 내 괴롭힘 예방을 위해 근로자가 준수해야 할 사항

- 말이나 행동을 할 때 명확하게 의사소통을 한다.
- 존중, 존엄, 동료애 및 친절로 서로를 대한다
- 개인적인 말과 행동이 다른 사람들에게 어떤 영향을 미치는지 생각한다.
- 다른 사람에 대한 험담을 하거나 근거 없는 소문을 퍼뜨리지 않는다.
- 말이나 행동을 할 때는 추측이 아닌 사실을 기반으로 한다.

- 적절하게 정보를 공유하고 협업한다.
- 동료가 도움이 필요한 경우 도움을 제공하고, 동료가 도움받는 것을 거절하면 받아들인다.
- 책임감 있게 행동하도록 노력한다.
- 권력 남용은 절대 용인될 수 없다는 것을 인식한다.
- 용건이 있을 때는 다른 사람에게 말하지 않고 당사자에게 직접 말한다.
- 다른 사람의 관점, 견해, 경험 및 생각에 대해 열린 태도를 갖는다.
- 동료를 예의 바르게 대하고, 지적을 받았을 때는 사과한다.
- 다른 근로자들을 격려하고 지원하며 멘토링한다.
- 관심과 존경으로 다른 사람들의 말을 경청한다.

출처: 직장 내 괴롭힘으로 인한 건강장해 예방 매뉴얼. 고용노동부 · 안전보건공단

4. 조직적 관리

○ **직장 내 괴롭힘 예방 및 대응 프로그램 운영에 대한 지원**

- 직장 내 괴롭힘 예방 · 대응 프로그램이 조직구조와 인적특성에 부합되어 운영되도록 조직적 지원
- 직장 내 괴롭힘 예방조치는 장기간에 걸쳐 지속적으로 추진될 수 있도록 지지

- 직장 내 괴롭힘 업무를 담당하는 직원이나 부서의 예방문화 조성 지지

○ **직장 내 상호 존중하고 소통하는 문화 조성**

- 직원들끼리 상호 존중하며 의사소통을 자유롭게 할 수 있는 문화가 형성되도록 조직적으로 지원
- 교육 등을 통해 올바른 의사소통문화가 조성되도록 조직적으로 지지
- 궁극적으로 상호존중하는 문화가 확산될 수 있도록 지원

○ **직장 내 괴롭힘 위험요인 점검 · 관리지원**

- 성별, 연령, 학력, 국적, 정규직/비정규직 등 동질적이지 않은 요인들이 직장 내 괴롭힘의 위험요인일 수 있으므로, 이에 대한 조직적 점검 · 관리 지원
- 노동조합 · 노사협의회, 산업안전보건위원회 등을 통해 노사가 함께 점검하고 예방조치를 협의하는 등 조직적 지원

○ 직무 스트레스 및 정신건강 관리 협조

- 부적절한 근무환경, 업무 자율성 결여, 대인관계 갈등, 직무 불안정, 불합리한 보상체계, 경직된 조직 조직문화 등 정기적 인 직무 스트레스 체크 · 평가 등에 적극 협조
- 근로자의 일상적인 정신건강 문제를 평가 · 관리하는 정신건강 증진 프로그램에 적극 참여

○ 신규 직원에 대한 조직적인 지원

- 신규 근로자가 직장생활에 적응할 수 있도록 올바른 조직문화 조성
- 경험이 풍부한 근로자를 멘토로 선정하여 다양한 프로그램 지원

‖‖

▎직장 내 괴롭힘 피해자의 저항

직장 내 괴롭힘 행위를 초기에 해결하지 못하면 괴롭힘에 대응하는 피해자의 언행도 변할 수 있다. 직장 내 괴롭힘은 피해자의 인격을 망가뜨리고 정신적인 고통을 불러오기 때문에, 피해자의 감정도 불안해지기 쉽다. 그 결과 피해자가 지나친 표현을 사용하거나 심한 경우 물리적으로 상황이 초래될 수 있다. 사용자가 이를 이유로 하여 징계나 인사상 불이익을 주는 경우가 있는데 이는 온당한 처사도 아닐뿐더러, 문제해결을 더욱 어렵게 만들 수 있다. 이 같은 사례에서 징계 및 인사처분을 할 때는 앞선 원인행위의 불법성을 충분히 고려할 필요가 있다.

V

직장 내 괴롭힘
대응 방안

1. 상담센터 설치

상담센터는 직원이 부담 없이 상담할 수 있도록 설치되어야 한다. 상담센터는 직장 내부 또는 외부에 둘 수 있으며, 두 가지 방식을 병행할 수도 있다. 내부 상담센터는 관리직 직원이나 근로자 대표 등을 상담원으로 선임하여 상담을 하도록 할 수 있다. 외부상담센터는 공인노무사(노무법인), 변호사(법무법인), 상담심리사(심리상담센터) 등을 활용할 수 있다.

2. 상담자 선정과 역할

조직 내에서 상담자를 선정하는 경우에는 직장 내 괴롭힘이나 인권 문제에 대한 이해가 있는 사람을 선임하는 것이 좋고 관련 교육을 이수하도록 하여 충분한 상담 역량을 갖추도록 하여야 한다. 중립적인 입장에서 상담을 받아 해결할 수 있는 임직원을 선임하되, 성별, 연령 등을 고려하여 여러 명의 상담자를 두는 것이 바람직하다. 회사 규모가 작아 담당자를 여러 명 두기 어려운 경우에는 외부 전문가를 추가로 두는 것도 고려해 볼 만하다.

‖‖

▍직장 내 괴롭힘 피해자의 대응 방안

괴롭힘을 당하면 단호하게 거부의 의사표시

① 괴롭힘을 경험했을 때 문제가 발생했다는 사실을 인정하는 것이 가장 중요
② 가해자에게 잘못된 언행이라는 사실을 인지시키고 그만둘 것을 요청

증거 수집

① 직장 내 괴롭힘 행위에 대한 직접증거나 목격자의 증언을 확보
　　※ 상대방과의 대화내용을 녹음하는 것은 법적으로 허용
② 직접증거나 목격자가 없는 경우에는 직장 내 괴롭힘 행위에 대해 피해자 본인이 다른 직원 등에게 그 피해사실을 전달한 적이 있으면 그에 대한 증거나 증언을 확보
③ 만나거나 전화로 이야기할 경우 자신의 입장을 정리하여 말할 수 있도록 준비

④ 행위자를 혼자 만나기 어렵다면 가족, 친구 등 신뢰할만한 사람과 함께 만남

⑤ 직장 내 괴롭힘으로 인한 정신적 스트레스로 우울증, 공황장애 등 증상이 있는 경우 의료기관을 찾아가 진단서, 소견서 등을 발급

직장 내 해결절차 이용

① 신고할 때는 행위자의 행위에 대해 구체적(육하원칙)으로 진술

② 회사에 피해자 본인에 대한 보호 조치 및 피해 구제를 위해 본인이 원하는 해결책을 요구

③ 해결절차가 진행되는 동안 피해자가 행위자와 함께 근무해야 하는 상황을 견디기 힘들다면 연차유급휴가 등을 신청하는 등 분리 요청

3. 상담 및 사건처리 절차

○ 개요

직장 내 괴롭힘 사건처리 위한 대략적인 절차는 '직장 내 괴롭힘 사건처리 체계'와 같다.

:::::: 직장 내 괴롭힘 사건처리 체계 ::::::

사건 접수	신고, 인지

상담	신고인 및 피해자 상담을 통한 사건 개요 및 피해자 요구 파악 → 피해자 요구를 바탕으로 1차적인 해결방식 결정

	행위자로부터 분리만을 원하는 경우	행위자의 사과 등 당사자 간 합의를 원하는 경우	회사 차원의 조사를 통한 해결을 원하는 경우
	⇩	⇩	⇩

조사	(조사 생략)	약식조사 후 사업주에게 조사보고	정식조사
	⇩	⇩	⇩

괴롭힘 사실 확인 시 조치	괴롭힘 상담 보고서를 작성, 사업주에게 보고하여 적절한 조치	행위자에게 피해자 요구 전달 및 합의 도출 * 합의 결렬 시 피해자 재상담 후 정식조사 의뢰 등 피해자 의사 확인	행위자에 대한 징계 등 조치

모니터링	합의사항 이행여부, 피해자에 대한 후속적인 괴롭힘 피해 여부 등

출처: 직장 내 괴롭힘 판단 및 예방 · 대응 매뉴얼, 고용노동부, 2019

직장 내 괴롭힘 상담 및 사건처리를 담당할 기구는 사업장의 규모나 특성에 맞게 결정할 수 있으나 사건처리의 공정성을 위해서는 가급적 상담자와 조사자를 분리하여야 한다. 정식 조사 절차는 공정성과 전문성 확보 차원에서 조사위원회를 구성하거나 공인노무사 등 외부 전문가에게 의뢰하는 것을 고려할 수 있다.

○ 사건 접수

근로기준법 제 76조의3 제1항에서는 '누구든지' 직장 내 괴롭힘 발생 사실을 신고할 수 있다고 규정하고 있으므로 누가 신고하였는지를 불문하고 신고가 있는 경우 접수하여야 한다. 신고는 직장 내 괴롭힘 업무 담당자, 직장 내 신고센터 등에 직접 하는 경우뿐만 아니라 온라인 신고센터, 이메일 등 다양한 창구를 통하여 자유롭게 할 수 있도록 하는 것이 바람직하다.

∎ 수년 전 사건을 접수하는 경우의 대처 방법

직장 내 괴롭힘 조사에 특별한 시효가 있는 것은 아니므로 수년 전에 발생한 사건이라고 하더라도 그 접수나 처리를 거부하여서는 안 된다. 다만, 조사결과 직장 내 괴롭힘으로 인정되더라도 가해자에 대한 징계는 취업규칙 등에서 정한 징계시효의 적용을 받으므로 징계시효가 만료된 사안은 징계하기 어렵다는 한계가 있다. 징계시효가 만료되었다고 해서 아무런 조치도 취할 수 없는 것은 아니다. 2차 피해 예방 등을 위한 배치전환, 재발 방지를 위한 교육 이수 등 징계 이외의 방법으로 사건을 처리할 수 있다.

신고가 없더라도 직장 내 괴롭힘 업무 담당자가 직장 내 괴롭힘 발생 사실을 인지한 경우 사건을 접수할 수 있다.

| 직장 내 괴롭힘 접수가 지연되는 동안
| 직장 내 괴롭힘 수위가 높아진 사례

작업 속도가 느린 후배직원에게 선배직원이 폭언을 하는 일이 자주 발생하였다. 선배직원이 "정말 바보 같다. 빨리 그만둬라." 등의 폭언을 하는 것을 목격한 동료 직원은 상사에게 이 사실을 보고했지만 상사는 '선배직원이 후배 지도 차원에서 하는 것'이라고 생각해 특별히 대응하지 않았다. 선배직원의 괴롭힘 수위는 점점 높아져 폭언이 연일 계속되고 후배직원의 비품을 걷어차는 등의 행위를 하였다. 보다 못한 동료 직원은 제삼자로서 직장 내 괴롭힘 상담센터에 이를 신고하였다. 신고를 받은 상담센터 담당자는 총무부장과 함께 후배직원(피해자)과 같은 부서에 근무하는 직원 5명에게 사실 확인을 하였다. 사실 확인 결과, 1년 이상 폭언을 하였던 것을 확인하고 곧바로 선배직원(가해자)을 대기발령 조치하고, 총무부장이 수차례 선배직원(가해자)과의 면담을 하였다. 신고 접수 후 1개월 정도의 기간 동안 사실 확인을 실시하고 취업규칙에 근거한 징계위원회를 열어 징계처분을 검토하였다. 결국 선배직원(가해자)과 직장 내 괴롭힘을 정상적인 업무지도로 판단한 상사에게의 징계처분이 내려졌고 선배직원(가해자)은 다른 지점으로 전보되었다. 재발 방지책으로 임직원 전원에게 직장 내 괴롭힘에 대한 특별 교육을 실시하였다.

○ 상담

직장 내 괴롭힘 신고가 접수되면 상담을 실시한다. 상담은 신고인이 처음으로 회사의 직장 내 괴롭힘 정책을 확인하고 사건의 해결 가능성을 탐색하는 과정으로, 상담자가 어떻게 상담을 하느냐에 따라 신고인의 피해를 최소화하고 문제를 합리적으로 해결할 수 있는 가능성이 달라진다.

상담 단계에서는 피해자의 괴롭힘 피해 상황 등을 파악하고 사건의 처리 방향을 결정한다. 상담자는 사건처리의 모든 과정에서 철저히 비밀이 유지될 것임을 알리고 신고인에게도 비밀유지 의무가 있음을 고지하여야 한다.

피해자가 직접 신고한 경우 곧바로 피해자를 상담하고 목격자 등 제삼자가 신고한 경우에는 신고자를 먼저 상담한 후에 피해자를 상담하는 것이 좋다.

||||||||||||||||||||||||||||||||||||||||||||||||||||||||||||||||||||||||||||||||||||||||||||||||||||||

▎상담과정에서 확인할 사항

- 신고인, 피해자, 행위자 인적사항 및 당사자 간 관계
- 신고인 또는 피해자 진술에 근거한 직장 내 괴롭힘 피해 상황
- 피해자가 문제해결을 위해 요구하는 내용
- 괴롭힘 해결과정에서 우려되는 상황
- 직접증거 및 정황증거에 관한 정보(목격자, 이메일, 녹음, 메신저 대화내용, 일기, 병원 진료기록 등)

상담자는 피해자 편에서 피해자가 공정하고 적절한 조치를 통해 피해를 구제받고 직장 내 괴롭힘 문제를 해결할 수 있다는 태도를 보여주어야 한다. 피해자의 행동을 평가하거나 지도하려는 자세는

지양되어야 한다. 처음 상담을 하는 피해자는 자신이 겪은 일을 침착하고 객관적으로 진술하는 데 어려움을 겪는 것이 일반적이므로 피해자의 진술이 맥락에 맞지 않거나 육하원칙에 따라 진술하지 않더라도 이를 배려하여야 한다. 피해자의 두서없는 진술을 잘 듣고 적절한 질문을 통해 사실관계를 육하원칙에 따라 정리할 수 있도록 해야 한다.

상담과정에서의 구체적인 질문 예시

사건 개요 진술

어떤 일이 언제, 어디서 일어났습니까?
구체적으로 어떤 행동이나 말을 하였습니까?
얼마나 지속되었습니까?
목격자가 있습니까?
이 일과 관련하여 다른 사람에게 이야기하거나 상담을 받은 적이 있습니까?
사건에 대해 개인적으로 기록해 둔 것이나 문자, 메일, 진단서 등 증거가 될만한 자료가 있습니까?

피해자의 대응 및 행위자의 행동 파악

피해 당시에 상대방에게 어떻게 반응하였습니까?
그 당시에 상대방에게 그만두라고 말했거나 표정, 제스처, 행동 등으로 거부의사를 표현하였습니까?
상대방의 행동에 이렇다 할 반응을 하지 않았다면 왜 그랬습니까?
피해 이후 행위자는 피해자를 어떻게 대했습니까?
행위자가 이전에도 직장 내 괴롭힘과 관련된 언행을 한 적이 있습니까?

||||||||||||||||||||||||||||||||||||||||||||||||||||||||||||||||||||||||||||||||

문제 언행으로 인한 고충 진술

문제 언행을 겪은 후 기분이 어떠했습니까?

어떤 생각이 들었습니까?

문제 언행으로 인해 직장생활에 어떤 어려움을 겪고 있습니까?

상담 및 정보 제공을 통한 해결 방안 모색

어떻게 해결되기를 원하십니까?

해결과정에서 특별히 원하시는 바가 있습니까?

이상의 상담 결과에 만족하십니까?

피해자를 상담할 때는 피해자의 감정과 생각이 바뀔 수도 있다는 점을 받아들이고 상담을 시작해야 한다. 피해자가 자신의 입장을 번복할 때 "입장을 번복하면 곤란하다."라는 식의 대응을 하게 되면 피해자가 조직을 불신하게 되어 고용노동부, 국가인권위원회, 법원 등 외부기관으로 도움을 청하게 될 수 있다. 직장 내 괴롭힘 피해로 인해 혼란스러운 상태에서 여러 측면에서 일관성 없는 진술을 할 수 있다는 점을 인정할 필요가 있다.

피해자의 고통이나 부정적인 감정에 대하여 충분한 시간을 들여 경청하고 공감하되, 피해자의 감정에 지나치게 동화되지 않도록 주의하여야 한다. 또, 경미하다고 생각되더라도 이면에 심각한 문제가 감춰져 있는 경우가 있다는 점에 유의하여야 한다. 질문을 할 때는 '닫힌 질문'보다는 '열린 질문'을 함으로써 양질의 답변을 얻을 수 있다.

:::::: '닫힌 질문'과 '열린 질문'의 예시 ::::::

닫힌 질문	열린 질문
"그 사람이 서류를 집어 던졌나요?"	"무슨 일이 일어난 거죠?"
"그래서 하지 말라고 하셨어요?"	"그래서 어떤 말이나 행동을 하셨어요?"
"기분이 나쁘셨나요?"	"그런 행동에 대해서 어떻게 느끼셨나요?"

피해가 심각하여 심리상담, 의료지원, 법률지원 등을 고려해야 하는지 파악할 필요가 있으며, 피해자가 "죽고 싶다." 등 극단적 선택을 암시하는 말을 하는 경우 의사 등에게 인계할 수 있도록 해야 한다. 이 밖에도 피해자에게 직장 내 괴롭힘 사건 해결을 위해 마련된 다양한 법 제도와 사내 제도와 절차에 대한 객관적 정보를 제공해 주어야 한다.

|||||||||||||||||||||||||||||||||||||||||||||||||||||||||||||||||||||||||||||||||||

▎ 직장 내 괴롭힘 상담 시 주의 사항

직장 내 괴롭힘 성립 여부를 자의적으로 판단하지 않아야 한다.
행위자를 이해하고 용서하도록 유도하지 않아야 한다.
사건 내용과 무관한 질문이나 호기심에서 비롯된 질문을 하지 않아야 한다.
징계 수위나 처리 결과에 대해 단정적으로 답하지 않도록 한다.
조직 내에서 할 수 있는 것과 그렇지 않은 것을 명확히 구분하여 설명해야 한다.

1회의 상담 시간은 50분 이내로 하는 것이 권장되며 상담이 1회로 끝나지 않은 경우에는 추후 상담일을 다시 정하도록 한다. 일자를 분할하여 상담을 함으로써 피해자는 자신의 입장을 정리할 수 있는 시간을 가질 수 있다.

직장 내 괴롭힘 상담자가 직장 내 괴롭힘 여부를 임의적으로 판단한 사례

직장 내 괴롭힘 상담센터로 직장 상사가 자녀의 학교 성적, 맞벌이 아내의 연봉, 휴일을 어떻게 보냈는지 등 지나치게 사적인 것을 자주 물어서 괴롭다고 하는 상담전화가 왔다. 상담자는 상사에게 악의가 없으며 업무를 지시하는 데 있어서 부하직원의 사적인 사정이나 생활 상황을 고려하고자 하는 목적으로 묻는 것이므로 직장 내 괴롭힘에 해당하지 않는다고 말했다. 신고자는 화난 목소리로 "그럼 됐습니다."라고 말한 후 전화를 끊어버렸다.

○ 약식 조사

약식 조사는 피해자가 가해자의 사과, 재발 방지 약속 등 당사자 간 합의를 원하는 경우에 주로 실시한다. 약식 조사는 별도 조사자가 실시하는 것이 바람직하나 상담자가 약식 조사까지 직접 할 수도 있다.

약식 조사는 당사자 간 원만한 합의를 위한 것이므로 가해자에 대한 조사는 진행하지 않고 피해자와 피해자가 추천한 참고인 등 관련자에 관한 조사만 실시하며, 조사자는 약식 보고서를 작성하여 사업주 등에게 보고하게 된다.

||||||||||||||||||||||||||||||||||||||||||||||||||||||||||||||||||||||||||||||||||||||||||||||||||||

▎약식 조사보고서 기재 사항

- 피해자와 가해자의 관계(우위성 판단)
- 피해자 또는 피해자가 추천한 참고인이 진술한 내용을 근거로 한 사건 경위
- 문제 된 행위가 직장 내 괴롭힘에 해당하는지 여부를 입증할 수 있는 증거
- 피해자의 피해 정도와 요청사항

○ **정식 조사**

정식 조사는 피해자가 정식 조사를 통해 해결을 요청한 경우에 실시한다. 조사기간, 조사자, 조사위원회 구성, 외부 전문가 활용 등에 대해서는 취업규칙에 사전에 기재되어 있는 것이 바람직하다. 당사자를 비롯한 직원들이 조사 절차를 신뢰하고 그 결과를 받아들여야 하므로 조사자의 중립성과 전문적 역량이 중요하다. 직장 내 괴롭힘에 대한 법률적 지식, 조사 기술 및 감수성이 부족한 사람이 조사를 맡을 경우 불성실한 조사로 인하여 객관적인 사실 조사가 이루어지지 않을 수 있다.

일반적으로 인사팀, 법무팀, 감사팀 등 내부 조직에서 조사를 수행하는 경우가 많으나 사건이 복잡하거나 다수가 연루된 경우 등에는 외부 전문가 참여를 검토할 수 있으며 사안에 따라서는 노동조합 대표 등 근로자 대표를 조사에 참여시킬 수 있다. 행위자나 피해자가 회사의 일방적인 조사 절차에 문제 제기를 할 경우 직장 내 괴롭힘 발생 여부에 대한 회사의 판단 결과에 대해서까지 불신하여 갈등이 발생할 수 있기 때문에 노동조합에서 추천하는 자 등을 근로자 측 위원으로 조사과정에 참여시키는 것이 바람직하다.

대표이사가 가해자로 지목된 경우 대표이사의 선임 또는 해임 권한을 가진 기구에서 결정권을 가질 수 있도록 별도의 절차를 마련해 두어야 한다.

조사자와 피조사자는 각자 비밀유지 서약서를 작성하고 조사내용에 대해 비밀을 유지하여야 한다. 조사과정 중 피해자 보호를 위하여 피해자의 요청사항에 따라 근무장소 변경, 휴가부여 등 조치를 하여야 한다. 이 경우 피해자의 의사에 반하는 조치를 하여서는 안 된다는 점을 유념하여야 한다.

▎조사 도중 신고자가 퇴직한 경우

괴롭힘 피해를 호소한 신고자가 퇴직한 경우에도 신고자가 명확히 조사 중단을 요청한 경우가 아니라면 회사에서는 직장 내 괴롭힘 조사를 계속하여야 한다. 퇴사한 신고자에 대해서는 전화나 이메일 등을 통해 연락할 수 있을 것이다.

조사는 대면조사를 원칙으로 하며, 대면조사 시에는 공정성 확보를 위해 2명 이상의 조사자가 참여하는 것이 좋고 조사 순서는 피해자→참고인→가해자 순으로 진행한다. 업무상 적정 범위 초과와 관련하여 문제 된 행위가 업무상 필요성이 인정되는 행위인지를 판단하기 위한 조사를 위하여 가해자의 직무에 대하여 잘 알고 있는 임직원을 참고인으로 조사할 수 있다. 조사과정에서는 가해자가 직장 내 괴롭힘을 행한 것을 전제로 하여 조사하여서는 안 되며 중립적인 자세를 견지하여야 한다.

조사 시에는 객관적으로 입증 가능한 자료를 수집하고 모든 조사 내용은 서면이나 녹음 등의 자료로 남겨두어야 한다. 단, 녹음의 경우 당사자의 동의를 얻는 것이 바람직하다. 피해자가 희망하면 조사에 지장을 줄 수 있는 경우를 제외하고는 피해자의 신뢰관계인이 동석할 수 있도록 한다.

근로기준법에서는 직장 내 괴롭힘에 대한 신속한 조사 의무를 규정하고 있을 뿐 구체적인 조사기간을 정하고 있지 않다. 조사가 지나치게 지연되는 것을 방지하기 위해 사내에 자체적인 조사기간을 두는 것이 바람직하며 근로자 참여 및 협력증진에 관한 법률에서 고충 처리 기간을 10일로 정하고 있는 점을 참고할 필요가 있다.

조사가 종료되면 조사보고서를 작성한다. 조사보고서는 그 보고서만으로도 직장 내 괴롭힘 행위의 사실관계, 직장 내 괴롭힘 해당 여부 판단이 가능하도록 최대한 자세히 작성되어야 한다. 또, 문제

된 행위가 괴롭힘에 해당하는 경우 그 괴롭힘의 경중 및 적정한 징계 수준 등에 관한 조사자 의견도 기술하여야 하며, 가해자에 대한 조치와 관련해서는 피해자의 의견을 듣고 그 결과를 첨부할 필요가 있다.

||||||||||||||||||||||||||||||||||||||||||||||||||||||||||||||||||||||||||||||||||||||||||||||||

| 조사과정에서 확인할 사항

- 사건 경위
- 피해자, 가해자 인적사항 및 당사자 간 관계
- 괴롭힘 행위의 반복성 · 지속성 여부
- 피해자의 피해 정도
- 조사과정에서 피해자의 요청사항
- 괴롭힘 인정 후 가해자 조치에 관한 피해자 의견
- 직접증거 및 정황증거(목격자, 이메일, 녹음, 메신저 대화내용, 일기, 병원 진료기록 등)

조사과정에서 가해자에게 직장 내 괴롭힘을 당한 다른 피해자가 있다는 진술을 들은 경우, 그것이 또 다른 직장 내 괴롭힘 발생 사실을 신고하는 취지인지를 확인하고 신고를 한 것이라면 별건으로 사건을 접수하여야 한다. 신고를 하고자 하는 것은 아니라고 하더라도 가해자의 습성 등을 파악하기 위해 '또 다른 피해자'를 참고인을 조사하면서 별건 신고 의사가 있는지를 확인할 필요가 있다.

▌직장 내 괴롭힘 조사과정에서 동료의 지지

- 동료의 비난은 당사자에게 고통을 줄 뿐만 아니라 조직 전체 분위기를 저하시킬 수 있으므로 동료 직원들은 피해자와 가해자를 비난하지 않도록 한다.
- 동료는 경청, 공감적 이해, 현재의 감정 인정 등의 방법으로 피해자를 지지하여야 한다.
- 동료는 피해자, 가해자가 상대방의 관점에서 생각하고 바라볼 수 있도록 지원해야 한다.
- "일을 크게 만들었다."거나 "말썽을 일으켜 피곤하다." 등의 반응은 피해자에게 2차 가해가 될 수 있으므로 이런 분위기가 형성되지 않도록 한다.

○ 직장 내 괴롭힘 사실의 확인 및 조치

피해자가 괴롭힘 행위의 공개 또는 가해자에 대한 징계 등을 원하지 않고 가해자와 분리만을 요청하는 경우에는 사업주에게 보고하여 피해자의 요청사항을 수용하여야 한다. 이 경우 가해자가 또다른 직원에게 직장 내 괴롭힘 행위를 할 수도 있으므로 상당 기간 동안 가해자가 문제 행동을 반복하는지를 관찰할 필요가 있다.

약식 조사과정에서 피해자가 가해자의 사과, 재발 방지 약속 등 당사자 간 합의를 원하는 경우에는 상담자는 피해자의 요구 내용을 가해자에게 전달하여야 한다. 가해자가 요구 내용을 수용하면 요구안을 이행하고 사건을 종결시킨다. 가해자가 요구안을 받아들이지 않을 경우 상담자는 피해자를 다시 상담한 후 정식 조사의사 등을 확인하여 그에 따른 절차를 진행하여야 한다.

정식 조사를 하여 직장 내 괴롭힘 사실이 확인된 경우 사용자는 가해자에 대하여 징계, 근무장소 변경 등 필요한 조치를 하여야 하고, 피해자가 요청 시 근무장소 변경, 배치전환, 유급휴가 명령 등 적절한 조치를 하여야 한다(근로기준법 제76조의3 제4항, 제5항).

가해자와 피해자가 같은 장소에서 지속적으로 접촉하게 되면 직장 내 괴롭힘이 재발할 수 있고 피해자의 피해 정도가 심해질 수 있으므로 이를 방지하기 위한 잠정적 조치로서 근무장소 변경, 유급휴가 명령 등의 조치를 하는 것이다.

직장 내 괴롭힘이 인정되는 경우 취업규칙 등에 근거하여 가해자에게 단호하고 엄격한 조치를 하여야 한다. 이와 별도로 가해자의 직장 내 괴롭힘 행위가 재발되지 않도록 상담, 교육, 코칭 등을 받을 것을 결정할 수도 있다. 피해자에 대한 조사기간 중에는 사용자가 임의로 임시 보호 조치를 하는 것이 가능한 반면, 피해자에 대한 조사 후 보호 조치는 피해 근로자가 요청하는 경우에만 가능하다. 즉, 피해자가 특별한 조치를 요청하지 않았다면 사용자가 임의로 보호 조치를 강행할 수 없다. 단, 피해자가 특정한 보호 조치를 요청한다고 하더라도 사용자는 업무상 필요성과 피해자에 대한 보호 수준과 내용을 고려하여 보호 조치의 내용이나 기간을 조정할 수는 있다.

근로기준법은 조사 후 괴롭힘이 확인된 피해자에 대한 보호 조치로 근무장소 변경, 배치전환, 유급휴가 명령 등을 열거하고 있으나, 이 외에도 근무시간 조정, 업무 내용의 변경, 업무에 필요한 장비 지급 등의 조치도 가능하다. 인사명령이나 징계처분이 직장 내 괴롭힘으로 판명되었다면 그 인사명령이나 징계처분을 철회 또는 취소할 수도 있다.

직장 내 괴롭힘인지 여부가 분명하지 않은 경우에는 공인노무사, 변호사, 고용노동부 등 유관기관의 도움을 받아 해결할 수 있다. 특히 사안이 중대한 경우이거나 피해자가 징계처분을 희망하는 경우에는 변호사나 공인노무사와의 상담을 하여, 가해자가 징계처분에 불복하여 노동위원회에 구제심판을 제기하는 등의 추가적인 분쟁을 예방하여야 한다.

|||||||||||||||||||||||||||||||||||||||||||||||||||||||||||||||||||||||||||||||||||||||||||||

피해자가 원하는 수준보다
낮은 수준의 처분만 가능할 경우의 대처 방안

전문가 자문 등을 거친 결과 피해자가 원하는 수준의 처분보다 낮은 수준의 처분만 가능한 경우에는 피해자가 납득할 수 있도록 충분히 설득하여야 한다. 현재의 법률과 내부 규정상으로 처분 수위에 한계가 있음을 설명하고 향후 조직이 직장 내 괴롭힘 재발을 위해 어떠한 노력을 할 것인지를 구체적으로 알려주어야 한다. 사안에 따라서 사외의 전문가에게 자문을 받을 수 있도록 지원해 줄 필요도 있다.

○ 모니터링

사건 종결 후 일정 기간 동안 가해자의 심리상태나 직장 내 괴롭힘 반복 여부, 피해자에 대한 보복 여부 등을 확인하고 피해자를 지원하는 것이 바람직하다.

||||||||||||||||||||||||||||||||||||||||||||||||||||||||||||||||||||||||||||||||||||||||||||||||||

│ 직장 내 괴롭힘 가해자의 특성 예시

- 자존감이 낮은 사람이 자기방어를 위해 타인을 공격하는 경우가 있다
- 열등감을 가진 사람이 불안이나 불만을 타인에게 전가시키려는 목적으로 직장 내 괴롭힘을 행한다.
- 이타심, 사회성, 윤리의식 등이 부족하여 다른 사람을 공격하고 있다는 자각이 없다.

○ **조사결과 직장 내 괴롭힘으로 인정되지 않은 경우**

신고 내용이 직장 내 괴롭힘으로 인정되지 않은 경우라 하더라도 신고자의 고충이 해결된 것이 아니므로 재상담 등을 통해 실질적인 고충해소 방안을 모색할 수 있도록 하여야 한다.

직장 내 괴롭힘이라고 판단할 수는 없지만 문제가 악화될 가능성이 있었던 사례

상사에게 질문을 하면 상사가 "왜 몰라?", "머리가 나쁘다." 등의 반응을 한다는 상담이 접수되었다. 이러한 상황은 최근 6개월간 거의 매일 일어난다고 하였다. 외부로 소리가 새어나가지 않은 장소에서 상담자 남녀 각 1명이 신고자 상담을 하였다. 신고자가 '회사 차원의 대응'을 희망하여 가해자에 대한 사실 확인을 하였다. 사실 확인에는 상담 담당자 1명과 인사팀 차장 2명이 참여하였다. 가해자에게 비밀은 보호된다는 점을 주지시키고 사실 확인을 시작하였다. 가해자는 큰 목소리로 꾸짖거나 조언을 한 적은 있지만 욕설을 하거나 하지는 않았고, 그것이 직장 내 괴롭힘이라고 생각하지 않는다고 말했다. 직장 내 제삼자를 참고인으로 하여 조사하였지만 외근이 잦은 영업직 직원이 많아서 사실관계를 명확히 파악할 수 없었다.

결국 직장 내 괴롭힘이 있었다고 판단할 수는 없었으나 이 문제가 악화될 가능성이 있다고 여겨졌다. 그래서 가해자로 지목된 상사에게 부하직원의 인격을 공격하는 것은 바람직하지 않고 부하의 업무 수행 방법에 어떤 문제가 있었는지 구체적으로 지적하고 개선하는 것이 바람직하다는 것을 설명하였다. 여러 차례 관련 상담을 실시한 결과 가해자의 언동에도 변화가 있었으며 문제는 원만하게 해결이 되었다.

○ 불리한 처우 금지

사용자는 직장 내 괴롭힘 사실을 신고하였거나 피해를 주장하였음을 이유로 해고나 그 밖의 불리한 처우를 하여서는 안 된다. 이를 위반한 경우 3년 이하의 징역이나 3천만 원 이하의 벌금에 처하며, 민사상으로도 불법행위에 따른 손해배상책임을 진다.

▌불리한 처우의 예시

① 파면, 해임, 해고 등의 신분상실에 해당하는 조치
② 징계, 정직, 감봉 강등 승진제한 등 부당한 인사조치
③ 직무 미부여, 직무 재배치 등 본인의 의사에 반하는 인사조치
④ 성과평가, 동료평가 등에서 차별이나 그에 따른 임금(상여) 등의 차별
⑤ 직업능력 개발 및 향상을 위한 교육·훈련 기회 제한
⑥ 집단 따돌림 폭행 또는 폭언 등 정신적 신체적 손상을 가져오는 행위를 하거나
　그 행위의 발생을 방치하는 행위
⑦ 그 외 신고한 근로자, 피해자 등의 의사에 반하는 불리한 처우

▌불리한 처우의 판단 기준

① 불리한 조치가 직장 내 괴롭힘에 대한 문제 제기 등과 근접한 시기에 있는가?
② 불리한 조치를 한 경위와 과정은 어떠한가?
③ 불리한 조치 사유가 피해자 등의 문제 제기 이전부터 존재하였던 것인가?
④ 피해자 등의 행위로 인한 타인의 권리나 이해 침해 정도 불리한 조치로 피해,
　노동자 등이 입은 불이익이 어느 정도인가?
⑤ 불리한 조치가 종전 관행이나 동종 사안과 비교하여 이례적이거나 차별적인
　취급인가?
⑥ 불리한 조치에 대하여 피해자 등이 구제신청을 한 경우에 그 경과 등

VI

재발 방지를 위한
조치

　직장 내 괴롭힘 재발 방지 조치는 예방 대책과 매우 유사하다. 예방 대책을 지속적으로 실시하는 것이 재발 방지의 지름길이다. 직장 내 괴롭힘이 해결된 후에 비슷한 문제가 다시 발생하는 것을 예방하기 위해서는 임직원들이 직장 내 괴롭힘의 개념과 예방의 필요성을 깊이 이해할 수 있도록 해야 하며, 직장 내 괴롭힘 예방 대책을 정기적으로 재검토하여 개선을 하여야 한다. 직장 내 괴롭힘 실태 파악 조사결과, 직원 교육 후기, 직장 내 괴롭힘 상담 건수의 증감, 상담 내용의 변화 등을 살펴 현재의 직장 내 괴롭힘 예방 대책을 재검토하는 것이 바람직하다.

　재발 방지 대책은 문제가 된 사안에 관한 대책에 국한되지 않으며 조직 전체의 직장 내 괴롭힘 예방 대책이 될 수 있도록 중장기적인 일련의 과정으로 계획되어야 한다. 가해자를 처벌하는 방식의 해결 방법만으로는 동일한 사례 발생을 막기 어려우며 다음과 같은 방안을 병행 실시하는 것이 좋다.

○ 가해자에 대한 재발 방지 교육 실시

가해자의 직장 내 괴롭힘 행위 반복을 예방하기 위한 교육을 실시할 수 있다. 이때 가해자 본인의 입장도 고려하여 교육장소나 교육시간을 결정할 필요가 있다. 예를 들어, 사내에서 관련 교육을 실시할 경우 가해자가 수치심을 느낄 수 있으므로 외부 강의를 수강하고 보고서를 제출하는 교육 방식을 채택할 수 있다.

○ 직장 내 괴롭힘 발생 시 이메일 발송

직장 내 괴롭힘이 발생하였다는 이메일을 발송하는 것도 검토해 보아야 한다. 이는 직장 내 괴롭힘에 대한 임직원의 주의를 환기시키는 효과가 있다. 이메일 발송 시에는 직장 내 괴롭힘 당사자들의 인적사항 등 기밀 사항이 드러나지 않도록 하여야 한다.

○ 승진 제도에 반영

    관리직으로 승진할 때 부하직원과의 의사소통 방법이나 적절한 부하직원 지도·육성 방법에 관한 교육을 이수하도록 하고 직장 내 괴롭힘 가해자에 대한 관리직 승진은 일정 기간 제한한다.

○ 근무환경 개선

    직장 내 커뮤니케이션 부족, 인간관계의 단절, 만성적인 장시간 노동이 직장 내 괴롭힘이 일어나는 요인이 되기도 한다. 커뮤니케이션 부족으로 이질적인 특성을 가진 직원을 배제시키는 문화가 형성되거나, 장시간 노동으로 인해 정신적·육체적으로 피폐해진 직원들이 직장 내 괴롭힘을 일으키기도 한다. 이런 경우, 직원 간 커뮤니케이션 기회를 자주 만들고 장시간 노동에 대한 대책을 수립하는 등 근무환경을 개선함으로써 직장 내 괴롭힘을 예방할 수 있다.

직장 내 괴롭힘 사실을 인정하지 않는 직원에 대한 대응 사례

팀장 A가 부하를 개인적으로 불러 장시간 꾸짖는 행위를 일상적으로 하고 있고, 그로 인해 결근하는 부하직원까지 있다는 내용이 직장 내 괴롭힘 상담창구에 접수되었다. 익명 신고였기 때문에 피해자 본인의 신고인지 제삼자의 신고인지 확인할 수 없었다. 그러나 상담 담당자와 인사팀은 대응을 검토하고 상황을 파악하기 위해 가해자에게 사실 확인을 하기로 했다. 사실 확인은 인권실장과 가해자의 상사에 해당하는 부장 B 등 2명이 진행하였다. 부장 B는 상황을 어느 정도 파악하고 있었지만 업무상 필요한 지도의 범위라고 인식하고 있었다. 그러나 가해자는 이제 막 팀장으로 승진하여 경험이 적고 평소 지나친 언동을 하는 경우가 있는데다가 부하직원에 대한 배려가 부족하다는 의견이 있었으므로 부장 B를 통해 주의를 주기로 했다.

부장 B는 팀장 A에게 소리 지르는 것은 업무상의 지시나 지도에 필요한 것이 아니라는 것을 전하고 앞으로 유의해 달라고 말했습니다. 팀장 A는 큰 소리로 꾸짖은 사실은 인정했지만 업무 수행상 필요한 처치이며 부하직원의 인격이나 존엄을 해치는 언동은 없다고 생각하고 있어, 부장으로부터 주의를 받고 있는 상황을 납득하지 못하였다. 부장 B는 부하에게 직접 지시를 하는 입장에 있는 팀장은 부하직원의 상황에 대한 충분한 배려가 필요하다는 것을 반복하여 정중히 전달하였다. 과장 A는 부장의 조언을 진지하게 받아들이고, 향후는 언동에 각별히 주의하기로 하였다. 이후 과장 A에게는 관리자로서의 스킬 향상을 위한 리더십 연수, 분노 다스리기 교육 수강을 하도록 하였다.

VII

직장 내 유형별
사례와 대처 방안

1. 지나치게 엄격한 부하 지도 방식

▬

▌사례

부하직원이 실수를 할 때마다 다른 부하직원들이 있는 곳에서 "너 대신 일할 사람 많다.", "MZ세대인지 뭔지 이해할 수가 없다. 좀 더 열의를 가지고 일을 해라." 등의 말을 하며 꾸짖는다.

▌상사의 입장

"좀 더 분발해 주기를 바라서 일부러 다른 직원들이 있는 곳에서 주의를 주었다.

일을 잘했을 때는 칭찬을 할 것이다. 처음에는 완곡하게 조언을 했지만 같은 실수를 반복하기 때문에 다소 감정적으로 대한 면이 있다. 나도 과거에 상사로부터 비슷한 방식의 지도를 받았다. MZ세대는 나약한 면도 있기 때문에 엄격한 지도가 필요하기도 하다."

▌ 부하직원의 입장

"다른 직원들이 듣는 곳에서 말할 필요까지는 없었다고 생각한다. 의기소침해질 뿐이다. 업무상 실수가 있었던 것은 인정하지만 모욕적인 말을 들었다고 생각한다. 그리고 MZ세대라는 것과 실수와는 전혀 상관이 없다고 생각한다. 다른 상사들은 그런 식으로 말하지 않는다."

다른 직원이 있는 곳에서 심한 질책을 하거나 업무상 잘못과 관련이 없는 감정적 발언은 부하직원의 기분을 상하게 할 뿐 조언으로써의 효과는 거의 없다. 조언이나 지도를 할 때는 업무상 실수를 한 부분에 한해서 구체적으로 지적해 주는 것이 좋다. 연령이나 특정 세대에 대한 선입견을 갖지 않도록 유의하여야 한다.

|||||||||||||||||||||||||||||||||||||||||||||||||||||||||||||||||||||||||||||||||||||||||||||||||||||||||||

▌ 사례

부하직원이 작성한 문서를 매번 세세하게 수정을 하는데, 결과를 받아보면 내용상에 큰 변경은 없다. 매일 업무보고를 집요하게 요구한다. 업무를 보고하는 것 자체에 많은 시간을 쓰게 되어 다른 일에 영향을 주고 야근을 하게 된다. 그러나 상사는 "야근을 하는 것은 일을 효율적으로 하지 못하기 때문이다."라는 입장이다.

▎상사의 입장

"부하직원이 실수를 하기 때문에 안심하고 맡기기 어려우며 내가 항상 세밀하게 확인을 해야 한다. 부하직원 교육 차원에서라도 세세하게 검토해 줄 필요가 있다. 부하직원으로부터 보고를 받고 진척 상황을 파악할 수 있고, 부하직원도 보고를 하는 과정에서 자신의 업무를 재검토할 수 있다. 상사가 항상 관리하지 않으면 문제가 터지고 나서야 알게 되는 경우가 생긴다."

▎부하직원의 입장

"모든 것을 검토하여 지적하지 말고 나를 신뢰하고 맡겨주었으면 좋겠다. '이번에는 무엇을 지적할까.' 하는 불안한 마음이 들고 매번 압박을 느낀다. 일의 효율도 올라가지 않아 야근을 하게 된다. 내용 변경이 있다면 모르겠지만 문장 구조, 단어 등을 모조리 수정하는 것을 보면 나를 괴롭히려고 이러는 것인가 하는 생각이 든다."

부하직원의 업무 진척 상황을 관리하는 것은 상사의 역할 중 하나다. 그러나 문장 구조, 단어 등은 각자의 스타일이 반영되는 측면이 있다는 점을 알아야 한다. 다른 업무에 지장을 줄 정도로 세세한 수정이 필요한지를 고민해 보아야 한다. '상사의 방식'이 반드시 올바른 것은 아니고 일하는 방식도 직원마다 다를 수 있으므로 부하가 문서를 작성하는 방식도 인정해 주어야 한다.

2. 부하직원을 무시하거나 험담을 하는 유형

―――

|||||||||||||||||||||||||||||||||||||||||||||||||||||||||||||||||||||||||||||||||||||||

▍사례

부하직원이 업무를 마치고 퇴근 시간이 되어 퇴근하려고 하면 상사가 "오늘도 일찍 퇴근하네. 벌써 갈 거야?"라고 말한다. 퇴근 시간이 될 때쯤 자료를 건네주며 "30분 정도는 검토해야 될 거야."라고 압박한다. 또, 타 부서 직원에게 내 험담을 하기도 한다.

▍상사의 입장

"타 부서 직원에게 험담을 하였다는 것은 말을 하던 도중에 농담 삼아 한 것이다. 평소 업무를 잘하지 못하니까 조언해 준다는 차원에서 한 말이다. 부하직원의 자의식이 과도하다. 더 열심히 일해야 한다."

▍부하직원의 입장

"정시퇴근하는 것은 당연한 권리다. 자꾸 눈치를 주니 정시에 퇴근하기 어렵다. 나에 대해 말하고 싶은 것이 있으면 다른 직원에게 험담을 하지 말고 직접 말해줬으면 좋겠다."

　

상사라고 해서 부하직원에 관한 어떤 말이든 해도 되는 것은 아니다. 부하에 대해 말할 것이 있으면 타인에게 험담을 하지 말고 부하에게 직접 전달한다. 험담을 하는 것은 부하직원에게 상처를 줄 뿐 상사의 '좋은 의도'는 전해지지 않는다.

▌ 사례

상사가 인사를 받지도 않고 업무상 필요한 자료를 특정 부하직원에게만 주지 않는다. 특정 부하직원만 부서 회의나 회식에 참석시키지 않는다.

▌ 상사의 입장

"인사를 받지 않을 생각은 없었다. 업무 자료는 직접 업무를 담당하는 직원에게만 배포하다 보니 그렇게 되었다. 회의도 효율적으로 하기 위해 꼭 필요한 직원만 참석하도록 했다. 회식에 참석시키지 않은 것은 당사자에게 어린 자녀가 있고 술을 마시는 것을 싫어한다고 해서 그렇게 하였다."

▌ 부하직원의 입장

"상사가 나를 싫어한다는 느낌이 들어 상당한 스트레스를 받는다. 회식에 매번 참석할 수는 없지만 알려주기는 했으면 좋겠다. 아무도 내 편이 되어주지 않는다."

인사를 주고받는 것은 커뮤니케이션의 첫걸음이 되므로 인사를 잘 받아줄 필요가 있다. 부하직원이 일을 잘하기 위해서는 업무 자료를 충분히 제공해 주어야 한다. 부하직원의 태도가 좋지 않을 때에는 어떤 사정이나 고민이 있는지를 파악해 보는 것도 중요하다. 회식에 참석하는 부하직원만 편애하여서는 안 된다.

3. 과거의 잘못된 관행에서
벗어나지 못하는 유형

―

▌ 사례

부하직원이 연차휴가를 신청하면 그 사유를 자세히 말하라고 한다. 휴가 결재를 할 때마다 "특별한 사정도 없이 휴가를 내는 것은 내가 젊었을 때는 생각할 수조차 없는 일이다.", "그 정도 일로 휴가를 내다니 회사를 뭐라고 생각하는 거야?" 라고 말한다. 야근 중에 "여직원은 야근을 하고, 남자직원은 일찍 퇴근한 거야?" 라고 말한다.

▌ 상사의 입장

"과거 상사로부터 그렇게 배웠다. 업무가 바쁠 때 직장 동료를 배려해 주어야 한다. 혼자 휴가를 내서 쉬고 있는 것은 자신의 권리만 주장하는 것이다. 일이 우선이므로 개인 사생활은 다소 희생될 수도 있다. 남자는 일을 하고 여자는 가정을 돌보는 것이 바람직한 모습이라고 생각한다."

▌ 부하직원의 입장

"연차휴가는 직장인의 권리다. 왜 휴가 사유를 일일이 설명해야 하는지 모르겠다. 개인의 사적인 내용을 상사에게 말하고 싶지도 않다. 연차휴가는 자유롭게 쓸 수 있어야 한다. 회사를 위해서 가족을 희생하라는 것은 시대착오적인 발언이다."

사회환경·가치관·문화의 변화, 세대 간 차이에 대해 이해하고 유연하게 받아들이는 것도 직장인이 가져야 할 능력 중의 하나이다. 오늘날에는 직장 일뿐만 아니라 가정 등 개인 사생활도 존중되어야 한다. 상사는 부하직원이 자신과 가족을 소중하게 여기는 마음을 존중해야 한다. 일·가정 양립은 당연한 가치가 되었음을 받아들일 필요가 있다.

4. 권위적이고 강압적인 유형

———

‖‖

▌사례

부하직원이 상사에게 말을 하려고 하면 "지금 바쁜 거 안 보여?"라고 소리친다. 회의에서 부하직원의 의견을 듣지 않고, 의견을 말하면 "네가 결정할 문제가 아니야!"라고 말한다.

▌상사의 입장

"정말 바빠서 그런 것이다. 분위기를 봐서 말을 걸어야 한다. 자기 상황만 고려하여 다짜고짜 말을 거는 사람의 의견은 듣고 싶지도 않다. 부하직원의 의견을 잘 듣지 않는 것은 좋은 의견이 나오지 않기 때문이다. 일리 있는 얘기를 한다면 잘 들을 것이다. 결정에 대한 책임은 상사에게 있기 때문에 부하직원이 마음대로 결정해서는 안 된다. 상사가 결정해야 한다."

▌부하직원의 입장

"항상 바빠 보이기 때문에 적당한 때를 골라 말을 걸기 어렵다. 그리고 상사만 바쁜 것이 아니다. 상사가 내 의견을 들어주지 않는다면 더 이상 말하지 않을 것이다. 상사가 혼자 결정할 것이라면 회의를 할 필요가 없다."

부하직원이 언제든지 상담할 수 있는 분위기를 조성하는 것도 상사의 임무 중 하나이다. 상사만 바쁜 것이 아니라 부하직원도 바쁘다는 것을 이해하여야 한다. 자신의 가치관이나 사고방식에서 벗어나 다양한 의견을 받아들이는 것이 업무에 도움이 된다는 것을 인식하여야 한다.

5. 언행이 무례한 유형

사례

상사가 다음과 같은 언행을 한다
- 큰소리로 욕설을 하는 등 언행이 거칠다.
- 휴일에 업무를 확인하고 지시한다.
- 지나친 농담을 한다.
- 이메일을 반복하여 보내고 휴대폰으로 계속 연락한다.
- 술자리를 강요한다.
- 감정기복이 심하여 기분이 나쁘면 화풀이를 한다.

상사의 입장

"나는 유머감각이 있어서 부하직원들과 잘 어울린다. 농담을 하면서 부하직원의 기분을 좋게 해주려고 한 것이다. 해야 될 일을 나도 잊어버릴 수 있어서 휴일이지만 연락을 해서 확인하라고 하였다."

▌부하직원의 입장

"불쾌한 농담에 웃을 수는 없다. 재미도 없다. 불요불급한 일을 가지고 휴일에 연락하지 않았으면 좋겠다. 휴일에 항상 전화를 받을 수 있는 것도 아니다. 급하지 않은 용건은 메일로 보내도 된다.

직장 내에서 농담을 하는 것도 때로는 필요하지만 부하직원을 먼저 배려해야 한다. 휴일에 부하직원에게 연락을 할 때는 긴급성과 중요성이 있는지를 충분히 고려해 보아야 한다. 부하직원의 인격을 존중해 주어야 한다.

6. 폭력적인 유형
—

||||||||||||||||||||||||||||||||||||||||||||||||||||||||||||||||||||||||||||||||||||||||||||||||||||

▌사례

상사가 부하직원을 '너'라고 부르면서 손가락질을 하고 서류를 집어 던지거나 전화를 내려치며 끊는 등 난폭한 행동을 한다. 사소한 일에도 혀를 차거나 한숨을 내쉰다. 술이 들어가면 그 정도가 더욱 심해진다.

▎상사의 입장

"나도 상사로부터 그렇게 교육을 받았고, 이 정도가 심한 수준은 아니라고 생각한다. 나의 인품은 직장 내에서 어느 정도 인정받았다고 생각한다. 이 나이에 성격까지 바꿀 수는 없고 직장 내에서 이 정도 일은 있을 수 있다. 부하직원들에게 말을 해도 잘 듣지를 않아서 알아달라는 차원에서 한 행동들도 있다. 술을 마실 때는 분위기를 띄우기 위해 그렇게 행동했다."

▎부하직원의 입장

"좀 더 온화하게 말을 했으면 좋겠다. 폭언을 들을까 봐 업무보고도 하고 싶지 않다. 한숨 쉬는 것을 들으면 일할 의욕이 사라지고 부서 분위기도 나빠진다. 적절한 호칭을 하는 것은 사회생활의 기본이라고 생각한다. '너'라고 부르는 사람은 일을 아무리 잘해도 존경할 수 없다."

난폭한 언행은 부하직원에게는 위협이 되고 부하직원과의 의사소통을 방해할 수 있다. 무의식적으로 한 것이더라도 다른 사람에게 불편을 주는 언행은 고쳐야 한다. 엄격한 지시나 교육이 모든 부하직원에게 통하는 것은 아니다. 온화하고 정중한 스타일의 상사를 원하는 부하직원이 많다는 것을 알아야 한다.

직장 내 괴롭힘
주요 판례

인사권에 근거한 업무분장 지시가 직장 내 괴롭힘으로

인정된 사례(서울중앙지법, 2020가단5296577)

[판결요지] 피고 B는 G팀 내 셀 배치를 변경하면서 기존의 A, B, C셀에서 D셀 하나를 더 추가하였는데 D셀에는 나머지 셀들과는 달리 셀장 없이 셀원인 원고만을 배치하였다. 원고는 위 업무분장 조정 이후 원고는 실질적인 업무를 담당하지 못하게 되었다. 또한 피고 B는 위 업무분장 조정 및 부서배치 변경에 따른 자리배치를 새로 정하면서 원고에 대한 아무런 통지 없이 다른 팀원들과 달리 원고만 혼자서 따로 앉도록 정하였다. 살피건대, ① 이 사건 업무분장

조정 당시 셀장 없이 원고 1명을 구성원으로 한 셀을 구성해야만 하는 업무상 긴절한 필요가 있었다는 점을 인정할 만한 정황이 없는 점, ② 이러한 셀 구성은 기존 팀 구성에 비추어 보더라도 매우 이례적인 것으로 보이는 점, ③ B는 원고의 셀장 및 다른 팀원들과의 마찰, 업무지시 거부 등을 이유로 이 사건 업무분장 조정을 하였다고 주장하나, 원고가 자신의 담당 업무를 명백히 거부한 사실을 인정할 증거가 없는 점, ④ B는 이 사건 업무분장 조정 이전에 원고에 대한 위와 같은 이례적인 인사 배치에 관하여 설명하거나 원고로부터 의견을 수렴한 바 없는 점, ⑤ 셀장이 배치되지 않은 원고로서는 정상적으로 업무를 수행하거나 새로운 업무를 배정받는 데 있어서 상당한 어려움을 겪었을 것으로 보이는 점 등에 비추어 볼 때, 피고 B는 이 사건 업무분장 조정을 통하여 원고의 정당한 회사 업무 수행을 방해하였고, 위 피고의 이러한 행위는 업무상 적정 범위를 넘어 원고에게 정신적 고통을 주거나 근무환경을 악화시키는 행위에 해당한다고 봄이 상당하다. 원고가 피고 B의 이러한 위법한 행위로 인하여 상당한 정신적 고통을 받았을 것임이 경험칙상 명백하므로, 민법 제750조의 불법행위에 대한 책임으로서 원고가 입은 정신적 손해를 배상할 책임이 있다.

하급자의 성희롱 행위가 직장 내 괴롭힘으로

인정된 사례(서울행정법원, 2020구합74627)

[판결요지] 피징계자에게 징계사유가 있어서 징계처분을 하는 경우, 어떠한 처분을 할 것인지는 징계권자의 재량에 맡겨져 있다. 다만 징계권자의 징계처분이 사회통념상 현저하게 타당성을 잃어 징계권자에게 맡겨진 재량권을 남용하였다고 인정되는 경우에 한하여 그 처분이 위법하다고 할 수 있다. 징계처분이 사회통념상 현저하게 타당성을 잃어 재량권의 범위를 벗어난 위법한 처분이라고 할수 있으려면 구체적인 사례에 따라 징계의 원인인 비위 사실의 내용과 성질, 징계로 달성하려는 목적, 징계양정의 기준 등 여러 요소를 종합하여 판단할 때에 징계 내용이 객관적으로 명백히 부당하다고 인정되어야 한다.

특히 객관적으로 상대방과 같은 처지에 있는 일반적이고도 평균적인 사람의 입장에서 보아 어떠한 성희롱 행위가 고용환경을 악화시킬 정도로 매우 심하거나 또는 반복적으로 행해지는 경우, 사업주가 사용자책임으로 피해 근로자에 대해 손해배상책임을 지게 될수도 있을 뿐 아니라 성희롱 행위자가 징계해고되지 않고 같은 직장에서 계속 근무하는 것이 성희롱 피해 근로자들의 고용환경을 감내할 수 없을 정도로 악화시키는 결과를 가져올 수도 있으므로, 근로관계를 계속할 수 없을 정도로 근로자에게 책임이 있다고 보아

내린 징계해고처분은 객관적으로 명백히 부당하다고 인정되는 경우가 아닌 한 쉽게 징계권을 남용하였다고 보아서는 안 된다.

인정된 사실과 증거 및 변론 전체의 취지를 통해 알 수 있는 아래와 같은 사정들을 종합하면, 이 사건 처분의 징계양정이 객관적으로 명백히 부당하다고 보기 어렵다.

① 참가인 회사의 징계양정 세부기준에 따르면 단 한 차례의 성희롱으로도 최대 징계해직까지 가능하다.

② 특히 원고의 신체적 성희롱 행위는 신체 접촉의 경위, 부위, 횟수, 시간 등에 비추어 형법상 강제추행죄를 구성할 만큼 비위의 정도가 매우 무겁다.

③ 그럼에도 원고는 피해자의 피해 회복을 위하여 아무런 노력도 하지 않고, 도리어 직장 내에서 피해자를 수개월 간 따돌리는 행위를 하였으며, 피해자의 신고로 조사가 시작된 이후에도 '피해자가 원고를 음해하고 있다.'는 취지의 2차 가해를 하고 있을 뿐, 피해자에게 진정으로 사죄하는 모습을 보이고 있지 않다. 위와 같은 원고의 태도로 말미암아 피해자는 성희롱을 당한 이래로 현재까지 3년이 넘게 흐르는 동안 계속하여 정신적 고통이 가중되었을 것으로 보인다.

④ 한편 참가인 회사도 원고를 비롯한 임직원을 대상으로 직장 내 성희롱 및 괴롭힘 행위에 관한 유의사항을 공지하고 주기적으로 예방 교육을 실시하였다. 그러나 원고는 이러한 참가인 회사의 각

별한 노력에도 불구하고 자신의 상급자를 상대로 성희롱과 괴롭힘 행위를 연달아 저지름으로써 참가인 회사의 위계질서를 심각하게 훼손하였다.

⑤ 참가인 회사는 동료의 가슴을 만지는 등의 신체적 성희롱을 범한 직원들에게 일관하여 징계해직 처분을 내림으로써, 그동안 성 관련 비위에 관하여 엄정한 태도를 유지하여 왔다.

따라서 종전 사례들과 비교하여 보았을 때, 원고에 대한 이 사건 처분이 형평에 어긋난다고 볼 수 없다

직장 내 괴롭힘 피해자에게 불리한 처우를 하여
징역형이 선고된 판례(청주지법 충주지원, 2020고단245)

[판결요지] 피고인은 2019년 7년 27일 위 회사의 근로자 F가 직장 상사인 G 등으로부터 직장 내 괴롭힘을 당했다는 사실을 내용증명을 통해 신고받았다. 그 구체적인 신고 내용은 G가 2019년 7년 12일경부터 2019년 7월 24일경까지 신고식 명목으로 회식비 지급을 강요하고, 업무편성 권한을 남용하여 자신의 말을 듣지 않는 직원들은 수당을 적게 받도록 업무 시간을 조절하고, 업무 과정에서 마음에 들지 않으면 욕설과 폭언을 일삼는다는 내용이었고, 특히

2019년 7월 24일경 G가 F에게 "벼락 맞아라 자식도.", "차에 갈려서 박살 나라.", "눈알들이 다 빠져라."라는 등의 폭언을 하였으며, 정당한 이유 없이 해고를 빌미로 통화내역서 제출을 강요하였고, 사직서 작성을 강요하는 등 회사 상사인 G가 직장에서의 우월적 지위를 이용하여 업무상 적정 범위를 넘어 피해 근로자 F에게 신체적, 정신적 고통을 주거나 근무환경을 악화시켰다는 내용이었다.

그럼에도 불구하고 피고인은 2019년 8월 27일 인사위원회를 개최하여 F로 하여금 2019월 9월 2일부터 충북 음성군 I 소재 주식회사 J 구내식당으로 근무지를 변경하도록 전보명령을 하였다.

그러나 이는 F와 아무런 협의 없이 그의 의사에 반하여 이루어진 결정이었고, 전보근무지에서 F의 주거지까지의 거리가 매우 멀어 첫 버스를 타더라도 출근 시간에 도착할 수 없어 사실상 대중교통으로 인한 출근이 불가능하였으며, F의 가족이 간병이 필요한 상황임에도 출퇴근의 어려움으로 인하여 강제로 기숙사 생활을 하여야 하는 등 F에게 불리한 처우였다.

사용자는 근로자에게 생명, 신체, 건강을 해치지 않도록 필요한 조치를 하여야 할 보호의무 내지 안전배려의무가 있다. 작금의 노동환경에 비추어 볼 때, 생명, 신체, 건강에는 유형적, 물리적 위험으로부터의 보호, 안전배려뿐만 아니라 무형적, 정신적 위험으로부터의 보호, 안전배려까지 포함되어 있다고 봄이 옳다. 이러한 취지에서 근로기준법 제76조의3이 직장 내 괴롭힘이라는 구체적 행위

태양을 유형화하여 그 무형적, 정신적 위험으로부터 근로자를 보호하도록 사용자에게 의무를 지운 것이다.

이 사건 공소사실에 불리한 처우로 적시된 'J 구내식당으로의 전보'만을 떼어놓고 본다면, 피해 근로자에게 그리 과하지 않은 정도의 불리한 처우로 볼 여지도 있다. 그러나 피해 근로자가 본사를 찾아가 관리이사에게 피해를 호소한 이래 부당 전보 구제심판이 확정될 때까지 일련의 단계에서 피고인 회사가 취한 개개의 조치를 살펴보면, 근로자에 대한 배려를 조금도 찾아볼 수가 없다. 이는 이른바 피고인의 경영 마인드라는 것이 현행 규범에 못 미치는 매우 낮은 수준으로 근로자를 대상화하고 인식하는 것에 기인한다. 비록 최근 가해자 G가 해고되어 직장 내 괴롭힘의 원인이 제거된 것처럼 보이지만, 피고인의 법정태도와 진술에 비추어 보면, 피고인의 근로자에 대한 낮은 수준의 인식은 언제든지 또 다른 G를 용인하고, 또 다른 다수의 F를 방치할 것이다.

위와 같은 사정을 고려하여 당초 피고인에게 구약식 청구된 벌금 200만 원을 넘어 피고인을 징역형에 처한다. 다만, 이 사건은 직장 내 괴롭힘 규정의 신설 직후에 발생한 것으로 소규모 기업을 운영하는 피고인이 미처 대응하지 못한 측면이 있으므로, 이를 유리한 정상으로 참작하여 형의 집행을 유예하되, 재범 예방을 위해 특별준수사항을 담아 보호관찰을 부과하고, 피고인으로 하여금 피사용인의 위치에서 노동의 의미를 일깨우기 위하여 사회봉사를 부과한다.

성희롱, 폭행 및 폭언 행위 등 직장 내 괴롭힘에 대한
면직 처분은 정당하다는 판례(울산지법 2021가합14843)

[판결요지] 근로기준법 제76조의2는 사용자 또는 근로자는 직장에서의 지위 또는 관계 등의 우위를 이용하여 업무상 적정 범위를 넘어 다른 근로자에게 신체적 · 정신적 고통을 주거나 근무환경을 악화시키는 행위를 직장 내 괴롭힘이라고 규정하여 이를 금지하고 있고, 피고의 성희롱 · 성폭력 및 직장 내 괴롭힘 예방지침 제3조 제3항은 '신체에 대하여 폭행하거나 협박하는 행위', '지속 · 반복적인 욕설이나 폭언', '다른 직원들 앞에서 또는 온라인상에서 모욕감을 주거나 개인사에 대한 소문을 퍼뜨리는 등 명예를 훼손하는 행위', '합리적인 이유 없이 반복적으로 개인 심부름 등 사적인 용무를 지시하는 행위', '집단적으로 따돌리거나, 정당한 이유 없이 업무와 관련된 중요한 정보 또는 의사결정 과정에서 배제하거나 무시하는 행위' 등을 직장 내 괴롭힘으로 규정하고 있다.

원고는 피해자 3의 상급자로서 직장에서의 지위 또는 관계에 있어서 우위에 있었다고 볼 수 있는데, 원고의 비위행위는 ㉮ 피해자 3에게 성희롱이 될 수 있는 질문을 하고 피해자 3이 답변을 하지 않는 경우 "버르장머리 없는 새끼"라고 하거나, "피해자 1의 프락치 역할을 하면 날려버릴 것"이라고 수차례 말한 행위, ㉯ 회식 자리에서 만취한 상태로 옆자리에 앉아 있는 피해자 3의 목을 조르고 어깨를 주먹으로 때리는 등 폭력을 행사한 행위, ㉕ 피해자 3에게 도박 사이트 개설을 수차례 요구한 행위, ㉖ 피해자 3의 업무처리에 대하여 심하게 질책하거나 고압적으로 말한 행위 등인데, 원고의 이러한 언행은 통상적으로 업무상 관계에서 수용될 수 있는 적정 범위를 넘어선 것이고, 이미 앞서 살펴본 바와 같이 피해자 3이 원고로부터 성희롱 피해를 지속적으로 당해오고 있었던 점, 원고가 공무직 근로자 중에서 근무경력이 가장 오래되었고 공무직을 대표하는 반장 역할을 수행하였으며 피해자 3보다 13살이나 많은 연장자인데 비하여, 피해자 3은 당시 경력이 1년도 안 된 신입직원에 불과하였던 점 등을 더하여 보면, 피해자 3은 원고의 이러한 언행으로 인해 상당한 정신적 고통을 받았을 것으로 보인다.

원고는 피해자 1에게 공무직 직원들의 근무일정표를 보고할 의무가 없었고, 피해자 1이 비상근무조 편성 현황을 요청하면 이를 공유해 주는 등 피해자 1을 의도적으로 따돌리거나 직장 내 괴롭힘에 해당하는 행위를 한 바 없다고 주장한다.

그러나 외국인력도입부 업무분장에 따르면 피해자 1은 EPS서비스센터 운영총괄로서 원고의 직상급자였고, 원고는 운영보조업무를 하는 반장이었는바, 피해자 1의 직급이나 업무권한 등을 고려하면 피해자 1이 고정근무자였다고 하더라도 원활한 조직운영을 위해서는 직원들의 근무일정을 상시 파악할 필요가 있었던 것으로 보이고(실제로 피해자 1은 원고에게 다른 직원들의 근무 일정을 여러 차례 물어보았다),

원고는 반장으로서 비상근무조 편성 현황을 피해자 1에게도 공유하여야 함에도 피해자 1이 배제된 카카오톡 단체방에서만 이를 공유하였다. 더구나 원고는 다른 직원들 앞에서 공공연히 피해자 1이 나이 어린 여자임에도 자신의 상급자로 있는 것에 대한 불만을 표현하였던 점, 다른 직원들로 하여금 피해자 1이 포함되어 있는 카카오톡 단체방에는 교대 완료 메시지를 남기지 않도록 하는 지시하거나 피해자 3이 피해자 1에게 직접 업무보고를 하자 "그걸 왜 피해자 1이 알게 했냐."며 피해자 3에게 화를 내는 등 피해자 1을 의도적으로 배제시키려고 하였던 점 등의 사정까지 더하여 보면 이는 피해자 1에 대한 직장 내 괴롭힘에 해당한다고 판단된다.

동료 외모 비하, 폭언, 지나친 감시 등 직장 내 괴롭힘으로 인한 해고 처분이 정당하다고 한 사례(서울지법, 2020구합84143)

[판결요지] 청원경찰법 제5조의2 제1항 제2호는 청원경찰이 "품위를 손상하는 행위를 한 때"를 징계사유로 규정하고 있다. 여기서 '품위'란 청원경찰로서의 직책을 맡아 수행해 나가기에 손색이 없는 인품을 말한다. 근로기준법 제76조의2는 '직장 내 괴롭힘'이란 "사용자 또는 근로자가 직장에서의 지위 또는 관계 등의 우위를 이용하여 업무상 적정 범위를 넘어 다른 근로자에게 신체적·정신적 고

통을 주거나 근무환경을 악화시키는 행위"로 정의하면서 이를 금지하고 있는바, 위 인정 사실 및 앞서 든 증거들에 변론 전체의 취지에 의하여 인정되는 다음과 같은 사정들을 종합하면, 원고는 이 사건 징계사유와 같이 피해자들을 상대로 일련의 직장 내 괴롭힘 행위를 함으로써 그 품위를 손상하는 비위행위를 하였음이 인정된다. 따라서 원고의 이 부분 주장은 이유 없다.

㉮ 제9조의3 제1항에서 '청원주는 항상 소속 청원경찰의 근무 상황을 감독하여야 한다.'고 규정하고 있고, 청원경찰법 시행규칙은 제19조 제1항에서 '2명 이상의 청원경찰을 배치한 사업장의 청원주는 청원경찰의 지휘·감독을 위하여 청원경찰 중에서 유능한 사람을 선정하여 감독자로 지정하여야 한다.'고 하면서, 제2항에서 '제1항에 따른 감독자는 조장, 반장 또는 대장으로 하며, 그 지정기준은 별표 4와 같다.'고 규정하고, '별표 4' '감독자 지정기준'에서 근무 인원의 규모에 따른 직급별 지정기준을 정하고 있다.

이에 따라 서울특별시 청원경찰 관리규정 제32조는 대장, 반장, 조장의 임무와 권한에 관하여 정하면서 특히 조장의 감독 권한과 관련하여, '조장은 근무자의 일일명령 및 근무일지를 작성하고, 조원의 근무 상태를 수시로 지도하여야 한다.'고 정하고 있다. 위 관계법령에서 감독자를 대장, 반장, 조장의 각 직급별로 규정하고, 근무 인원의 규모에 따라 대장, 반장, 조장의 지정기준을 정함과 아울러, 각 직급의 임무 및 권한을 상세히 규정하고 있는 점 및 만약 위와 같은 위계에 따른 지시 및 감독 권한을 부여하는 외에 조원 상호 간에도 지시 및 감독 권한을 인정할 경우 효율적이고 체계적인 청원경찰 인력 관리에 저해요소로 작용할 수 있는 점을 종합할 때, 대장, 반장, 조장만이 조원에 대한 지도 및 감독 권한을 갖는다고 볼 수 있을 뿐, 대장, 반장, 조장 아닌 일반 조원에게는 다른 조원을 지도하거나 감독할 권한이 인정되지 않는다고 봄이 타당하다.

이때 대장, 반장, 조장이 갖는 조원에 대한 지도 및 감독 권한은 청원경찰이 수행하는 업무 전반에 미치는 것으로서, 업무의 효율적 수행을 위한 방법, 업무의 순서, 기준 등을 비롯한 일상적 업무 수행의 영역뿐 아니라, 위법하거나 부당한 업무의 시정조치까지 포괄하는 권한이라고 할 것이다.

㉯ 그런데 C 병원의 청원경찰 조장이 아니었던 원고는 약 2개월 동안 피해자 1의 언행이나 근무 상태를 문제 삼는 메일이나 문자메시지를 전송하였다. 위 메일이나 문자메시지 내용을 살펴보더라도, 원고는 일지 작성 및 보고에 관한 피해자 1의 질문이 전혀 의미 없다거나 아무런 생각 없이 하는 이야기로 치부하면서 "개념 없는 이야기는 앞으로 하지 말라."고 하거나(2019년 7월 24일 01:18 메일) 그에 대해 항의하는 피해자 1의 언행을 지적하고(2019년 7월 25일 10:15 메일), 업무지시는 조장을 통하도록 요구한 피해자 1에게 오히려 피해자 1의 위 요구가 직장 내 질서를 어지럽히거나 거부하는 것이라며 이를 받아들이지 않았으며(2019년 8월 15일 09:56 메일), 야간근무자가

비워놓기로 한 쓰레기통 정리가 이루어지지 않은 이유를 묻는 피해자 1에게 쓰레기통을 비우고 씻은 다음 사진을 촬영하여 전송할 것을 요구하는 등(2019년 9월 24일 문자메시지) 원고는 자신이 선배이고 연장자임을 강조하면서 피해자 1에게 지속적으로 부당한 업무지시를 하여 왔음을 알 수 있다. 또한 피해자 1이 2019년 7월 26일 메일을 통해 원고에게 그와 같은 행위를 그만둘 것을 요구하였으나, 원고는 위 메일이 "막가파식 메일"이라거나 "당황스러워 자살하고 싶다."는 등 극단적인 표현을 사용하며 피해자 1의 요구를 거부하고 부당한 업무지시를 멈추지 않았다.

㉹ 원고는 2019년 9월 4일 피해자들로부터 '직장 내 괴롭힘'으로 서울특별시 인권센터에 신고된 후, 2019년 9월 20일 저녁 업무교대 직후와 그다음 날 새벽에 야간근무 중인 피해자 1을 찾아와 사진 촬영하는 등으로 감시하였고, 야간근무자가 아님에도 숙직실을 이용하면서 출입문을 잠그는 등 피해자 1이 새벽 휴게시간에 휴게실을 사용하지 못하도록 하였다.

이에 대해 원고는 2019년 9월 21일 00:50경 피해자 1을 촬영한 사실이 없다고 주장한다. 그러나 ① 피해자 1의 진술이 구체적이고 일관되는 점, ② 피해자 1은 원고가 촬영 직후 엘리베이터를 타고 지하 1층의 숙직실로 간 사실을 확인한 후 곧바로 직장 동료들에게 문자메시지를 전송하여 원고의 촬영 사실을 알린 점, ③ 원고가 그 직후인 2019년 9월 21일 01:25경 피해자 1에게 보낸 문자메시지에서도 피해자 1이 원고의 촬영에 대해 항의하였음이 확인되는 점, ④ 원고는 CCTV 영상으로 확인되는 2019년 9월 20일 20:06경의 촬영 사실이나 2019년 9월 21일 00:56경 숙직실 통로문을 잠근 사실도 부인하였던 점, ⑤ 나아가 원고는 같은 날 21:17경 피해자 1에게 "복무위반이나 지시 불이행 등을 끝까지 밝혀주겠다."는 내용의 문자메시지를 전송하기도 하였던 점 등에 비추어 볼 때 피해자 1의 진술을 믿을 수 있으므로, 원고의 위 주장은 받아들이기 어렵다.

㉮ 원고는 위와 같이 2019년 9월 21일 01:25경 피해자 1에게 "정신건강이상자 행세를 하는 등 정상상태가 아닌 것으로 보임."이라는 문자메시지를 전송한 사실은 인정하고 있다. 이와 관련하여 원고는 피해자 1이 아무 이유 없이 순찰 코스도 아닌 지하 1층의 숙직실에 찾아와 원고를 괴롭힐 목적으로 안을 둘러보았기 때문에 이에 대응하여 보낸 것에 불과하다고 주장하나, 위에서 본사건 경위, 원고가 촬영한 동영상에 나타나는 당시의 상황이나 대화내용 등에 비추어 볼 때, 피해자 1은 야간근무자가 아님에도 허가 없이 새벽 시간에 찾아와 자신을 촬영한 후 엘리베이터를 타고 내려간 원고의 행적을 좇아 지하 1층의 숙직실까지 순찰하였던 것으로 보일 뿐이므로, 원고의 위 주장은 받아들일 수 없다.

㉯ 원고는 여성인 피해자 2에게 보낸 문자메시지와 관련하여, 출근하기 전부터 속이 불편한 상태에서 당시의 상황으로 스트레스를 받아 속이 더부룩하여 안된다는 자신의 신체상태를 표현하고자 하

였던 것이라고 주장한다. 그러나 위에서 본 문자메시지 내용은 그 맥락에 비추어 피해자 2의 용모를 비하하는 표현임이 분명하고, 경험칙상 이를 전송받은 피해자 2로서는 수치심과 모욕감을 느꼈을 것이라고 추정할 수 있다.

㉣ 원고는 메일을 통해 청원경찰 조장이던 피해자 3에게 손괴된 무전기 안테나 덮개에 대한 조치를 취하도록 지시하거나(2019년 7월 22일 09:51 메일), 방검복 착용에 관한 내부방침 변경에 대해 비꼬는 말투로 시정할 것을 요구하였으며(2019년 8년 12일 21:40 메일), 직접 대면하여 이야기할 것을 요구한 피해자 3에게 자신의 근무경력이나 연령 등을 내세워 거부하면서 피해자 3의 얼굴을 보거나 목소리 듣는 것만으로 스트레스를 받아 미칠 지경이라는 표현을 사용하였는바(2019년 8월 15일 09:43 메일), 이와 같이 원고가 조장의 지도 및 감독 권한을 무시하고 직장에서의 지위 또는 관계 등의 우위를 이용하여 조장인 피해자 3에게 부당한 업무지시를 한 것은 업무상 적정 범위를 넘어 정신적 고통을 주거나 근무환경을 악화시키는 행위에 해당한다.

앞서 인정한 사실과 증거, 각 기재 및 변론 전체의 취지를 종합하여 인정되는 다음과 같은 사정들을 종합하여 보면, 이 사건 처분이 사회통념상 현저하게 타당성을 잃어 징계권자의 재량권을 일탈·남용한 것이라고 볼 수 없다. 따라서 원고의 이 부분 주장은 이유 없다.

비록 이 사건 처분이 원고의 청원경찰 신분을 박탈하는 무거운 처분이기는 하나, 청원경찰의 직무특성과 위와 같은 비위의 내용, 반복성 및 피해 정도, 원고의 평소 근무행실과 뉘우치는 정도 등 여러 참작사유를 감안하여 볼 때, 원고로 하여금 청원경찰의 지위를 유지하게 하는 것은 바람직하지 않다고 보아 원고를 해임에 처한 이 사건 처분이 객관적으로 명백히 부당하다고 할 수 없고, 이 사건 처분으로 인하여 원고가 입게 될 불이익이 청원경찰의 기강을 확립하고 청원경찰에 대한 국민의 신뢰를 제고하며 성실하고 공정한 직무수행을 담보하려는 공익에 비하여 더 중하다고 볼 수 없다.

직장 내 괴롭힘으로 인한 스트레스 장애를

업무상 재해로 인정한 판례(서울행정법원, 2015구단687)

[판결요지] ①원고가 동료로부터 모함과 욕설을 당하기 이전에는 동료들과 친분관계를 유지하면서 정상적으로 직장생활을 해온 점, ② 이 사건 상병(스트레스 장애)은 동료로부터 모함과 욕설을 당한 사건을 시발점으로 하여 자신에 대한 좋지 않은 소문을 알게 되어 대인관계에 대한 신뢰감을 상실하게 되는 일련의 과정에 사업주 측의 미온적인 대처까지 겹치면서 발병·악화된 것으로 보이는 점, ③ 원고에 대하여 이 사건 상병을 진단한 주치의도 원고의 스트레스

반응이 위 사건 이전부터 있었다면 원고가 원만한 직장생활을 하는 것은 불가능할 수 있고 따라서 원고가 위 사건을 경험한 이후 이 사건 상병이 발병된 것으로 볼 수 있다는 의학적 소견을 제시한 점, ④ 동료로부터 명예감정을 손상하는 말을 듣고 폭언을 듣게 된 계기는 관찰일지의 작성 및 삭제, 업무 과정에서의 물건의 도난 등과 관련된 것으로 이는 원고의 업무와 밀접한 관련이 있다고 볼 수 있는 점, ⑤ 직장 안의 인간관계 또는 직무에 내재하거나 통상 수반되는 위험이 현실화된 것으로 볼 여지가 있는 점, ⑥ 사건의 내용이나 진행 경과로 볼 때 위 사건들을 통상적으로 직장생활을 하면서 겪게 되는 사건 내지 갈등이라고 보기에는 무리가 있는 점 등을 살펴볼 때, 원고인 을(乙) 업무와 스트레스 장애와의 상당인과관계가 인정된다.

직장 내 괴롭힘
관련 서식

직장 내 괴롭힘 상담 신청서				접수번호	
				담당자	

당사자	신청인	성명		소속	
				직급	
		연락처 (e-mail)			
	대리인 ※ 대리인이 신청하는 경우	성명		소속	
				직급	
		연락처 (e-mail)			
	피신청인 (행위자)	성명		소속	
				직급	
		연락처 (e-mail)			

신 청 취 지	1. 괴롭힘 행위 : 2. 괴롭힘 일시 : 3. 괴롭힘 기간 및 빈도 (예: 주 1회, 월 1회 등) : 4. 목격자 : 5. 다른 피해자 : 6. 구체적인 사실(사건 경위 등) : ※ 직장 내 괴롭힘 발생 일시(기간), 문제가 되는 행위, 지속성의 여부 등을 상세히 기술(필요한 경우 별지에 추가 기재 가능)
요구사항	1. 괴롭힘의 행위자와 격리( ) 2. 괴롭힘에 대한 사과와 재발방지 조치( ) 3. 징계 등 인사조치( ) 4. 기타( )

위 신청인은 직장 내 괴롭힘 고충 사건의 조사를 신청합니다.

년   월   일

신청인   (서명 또는 인)

※ 아래와 같은 경우 별도의 조사 없이 종결될 수 있습니다
○ 피해자가 공식적인 사건으로의 진전을 원하지 않는 경우
○ 피해자가 주장하는 내용이 명백히 거짓이거나 이유 없다고 인정되는 경우
○ 피해자가 주장하는 내용이 구체적이지 않거나, 사실관계가 불분명한 경우
○ 신고의 원인이 된 사실이 발생한 날부터 1년 이상 지나서 신고한 경우
○ 신고할 당시의 신고의 원인이 된 사실에 관하여 법원의 재판, 수사기관의 수사가 진행 중이거나 종결된 경우, 내부 감사(조사)가 진행 중이거나 종결된 경우

직장 내 괴롭힘 상담 접수 및 처리대장

접수 번호	접수 일자 (접수 방법)	신청인		상담 내용	처리결과					확인	
		성명	소속 부서		상담 종결 일자	괴롭힘 정식사건으로 접수			담당자	팀장
						종결 사유	처리일자 및 결과	신청인 회신일자		

직장 내 괴롭힘 사건 상담일지

접수번호		담당자		작성일자	년 월 일

상담개요	상담일시	년 월 일 시 분 ~ 시 분		상담장소	
	상담방법	1. 대면 [ ] 2. 유선 [ ] 3. 온라인(e-mail, 사이버신고센터 등) [ ] 4. 기타 ( )			

피상담자 (상담신청인)	성명		소속		직급	
	성별 남[ ], 여[ ]		연락처		E-mail	

상담신청 요지	※ 상담을 신청한 이유, 요구사항 등을 6하원칙에 의해 기재

상담내용	

처리결과	상담 종결	종결사유	종결일자 년 월 일
	사건 접수	조치결과	회신일자 년 월 일

210mm×297mm[백상지 80g/㎡]

직장 내 괴롭힘 상담결과보고서

○○년 접수번호 ○○호 직장 내 괴롭힘 상담결과를 다음과 같이 보고합니다.

1. 신청인 인적사항
2. 피신청인 인적사항
3. 피해 주장사실 요지
4. 상담결과
5. 처리의견

년   월   일

상담원   (서명 또는 인)

조사 신청서

※ [　]에는 해당되는 곳에 "√"표시를 합니다. 색상이 어두운 난은 신청인(대리인)이 작성하지 않습니다.

접수번호		담당자		처리기간: 신청일로부터 20일, 특별한 사정이 있는 경우 10일 연장 가능	

당사자	신청인	성명		소속	직급
		성별 남[　], 여[　]		연락처	E-mail
	대리인 ※ 대리인이 신청하는 경우	성명		소속	직급
		성별 남[　], 여[　]		연락처	E-mail
	피신청인 (행위자)	성명		소속	직급
		성별 남[　], 여[　]		연락처	E-mail

신청 취지	※ 문제가 되는 행위, 지속성의 여부, 목격자 혹은 증인의 유무 등을 6하원칙에 따라 기록합니다.

요구 사항	1. 직장 내 괴롭힘 중지 [　]　　2. 직장 내 괴롭힘에 대한 사과와 재발방지 조치[　] 3. 징계 등 인사조치 [　]　　　4. 기타 (　　　　　　　　　　　　　　)

상기의 사건처리를 위한 개인 민감정보 수집·이용·제공 등에 동의하고, 위와 같이
성희롱·성폭력고충 사건의 조사를 신청합니다.

년　　　월　　　일

신청인(대리인)　　　　　　　　　　(서명 또는 인)

○○○○○ 귀중

210mm×297mm[백상지 80g/㎡]

출 석 통 지 서

문서번호 :   ※ 문서 발송 번호 기재

수신대상 :   ※ 피신고인의 성명, 소속, 주소 등 기재

사건 접수번호		
신고인	성명	소속
피신고인	성명	소속
신고 사유		
의견진술을 요하는 사항		
근거		

1. 본 조사위원회는 위 사건의 신고를 접수하여 사건을 조사하고자 합니다.
2. 사건의 공정한 조사를 위하여 귀하의 진술을 듣고자 하오니 출석하여 주시기 바랍니다.
    가. 출석일시 :   년   월   일   시
    나. 출석장소 :
3. 지정된 일시 및 장소에 출석할 수 없는 사유가 있을 경우에는 필히 사전 고지를 한 후,
    가능한 일시 및 장소로 변경하여야 합니다.
4. 정당한 이유나 절차 없이 3회 이상 출석을 거부할 경우 피신고인의 진술 및
    자기 방어권을 포기하는 것으로 간주합니다.

○○○○○ 직장 내 괴롭힘 조사위원회 위원장 (서명 또는 인)

문의할 곳
Tel.   E-mail.

210mm×297mm[백상지 80g/㎡]

서 약 서

성명 :

생년월일 :

        은(는) 피신고인으로서 아래의 사항을 지킬 것을 서약합니다.

① 조사위원회 조사 절차에 성실히 협조.

② 사건 내용 및 신고인 신상 정보에 관한 비밀유지

③ 조사 기간 중 신고인 및 증인에 대한 사적 접촉 금지.

④ 신고인 및 주변인에 대한 보복 행위 금지.

※ 조사과정은 사실 확인을 위한 절차입니다. 피신고인은 조사위원회의 조사절차를 통해 신고에 대한 사실이 확인되기 전까지는 피신고인의 신분을 유지하며 해당인의 인적사항 및 사건에 대한 비밀이 보장됩니다.

년   월   일

성명 :   (서명 또는 인)

■ 피신고인은 조사 과정에서 다음과 같은 권리를 갖습니다.

1. 조사위원회에 출석하여 진술할 수 있습니다.

2. 진술서, 소견서 등 관련 자료를 조사위원회에 제출할 수 있습니다.

3. 한국어 구사가 능통치 못한 외국인이거나 기타 사정으로 인하여 구두 진술이 불가능할 경우 대리인과 동반출석하거나 서면제출로 대체할 수 있습니다.

4. 조사 절차 및 그 결과에 대한 정보를 제공받을 수 있습니다.

서 약 서

성명 :

생년월일 :

              은(는) 신고인으로서 아래의 사항을 지킬 것을 서약합니다.

① 사건 내용 및 피신고인, 신고조사자, 목격자 등의 신상 정보에 관한 비밀유지.

② 조사 기간 중 피신고인에 대한 사적 접촉 금지.

※ 신고인의 인적사항 및 신고사실에 대한 비밀이 보장됩니다.

년   월   일

성명 :   (서명 또는 인)

▣ 신고인은 조사 과정에서 다음과 같은 권리를 갖습니다.

1. 진술서, 소견서 등 관련 자료를 제출할 수 있습니다.

2. 구두 진술이 불가능할 경우 대리인과 동반출석하거나 서면제출로 대체할 수 있습니다.

3. 조사 절차 및 그 결과에 대한 정보를 제공받을 수 있습니다.

서 약 서

성명 :

생년월일 :

          은(는) 조사위원으로서 아래의 사항을 지킬 것을 서약합니다.

직장 내 괴롭힘 관련 본 신고 내용 및 신고인, 피신고인, 목격자, 참고인 등의 신상 정보에 관한 비밀유지.

                  년   월   일

               성명 :   (서명 또는 인)

피신고인에 대한 질문 답변서(예시)

일시	장소
년 월 일 시	

1. 이름과 소속이 어떻게 되나요?

 < 답 >

2. 피신고인은 20 년   월   일   시 (장소) 회식에 참가한 사실이 있나요?

 < 답 >

3. 피신고인은 이 회식자리에서 신고인에게 (자세한 사건 내용) 행위를 한 사실이 있습니까?

 < 답 >

4. 회식자리의 분위기는 어떠했습니까?

 < 답 >

5. 이 사건에 대하여 추가로 하고 싶은 말이 있나요?

 < 답 >

본인은 질문에 대하여 양심에 따라 숨김과 보탬이 없이 사실 그대로 답변하였으며,
본인의 진술이 사실과 다를 경우 그에 따른 모든 법적인 책임을 질 것을 서약합니다.

년   월   일

피신고인   (서명 또는 인)

확인자(조사위원)   (서명 또는 인)

(서명 또는 인)

(서명 또는 인)

210mm×297mm[백상지 80g/㎡]

자료 제출 확인서

※ [ ]에는 해당되는 곳에 "√"표시를 하시기 바라며, 색상이 어두운 난은 제출인이 작성하지 않습니다.

사건접수번호		담당자	

제출인	성명	소속	연락처

1. 신고인 [   ]　　2. 피신고인 [   ]　　3. 참고인 [   ]　　4. 기타 ( )

	번호	제출 자료명	자료형태
제출 자료			

위와 같이 자료를 제출합니다.

년　　월　　일

제출인　　　　　　　(서명 또는 인)

---

1. 번호 : 제출 자료의 일련번호를 기재

2. 제출 자료명 : 제출하는 자료의 명칭과 부수를 기재

3. 자료형태 : 전자문서, 서면, 실물, 실물의 사진 등

210mm×297mm[백상지 80g/㎡]

직장 내 괴롭힘 사건 조사결과 보고서(조사위원)

○○년 접수번호 ○○호 직장 내 괴롭힘 사건의 조사 결과를
다음과 같이 보고합니다.

1. 신청인 인적사항
2. 피신청인 인적사항
3. 피해 주장사실 요지
4. 조사결과
5. 처리의견

년　월　일

조사위원　　　　　　(서명 또는 인)

직장 내 괴롭힘 조사결과 보고서(조사위원회용)

1. 기본 정보
- 신고 접수 일자 및 담당 상담원
- 신고인 및 피신고인 인적 사항
- 담당 조사위원 명단

2. 조사 및 신고 개요
- 조사 및 신고 개요
- 면담 개요
- 검토 자료 목록 및 개요

3. 조사위원회의 판단
- 사실관계에 대한 판단 및 근거
- 결론

4. 조사위원회의 처리의견
- 처리의견

5. 기타(참고사항)

위의 조사 보고서 내용이 사실임을 확인합니다.

조사위원장 _____ (서명 또는 인)

조사위원 _____ (서명 또는 인)   _____ (서명 또는 인)

_____ (서명 또는 인)   _____ (서명 또는 인)

직장 내 괴롭힘 조사위원장

직장 내 괴롭힘 심의위원회 참석 안내

○○○ 위원 귀하

 ○○○○○ 직장 내 괴롭힘 심의위원회는 「○○○○○ 직장 내 괴롭힘 예방에 관한 내규」 제00조에 의거하여 제00회 직장 내 괴롭힘 심의 위원회를 아래와 같이 개최하고자 하오니 참석하여 주시기 바랍니다.

1. 일시 :   년   월   일   시

2. 장소 :

3. 안건 :

4. 사안 개요 (발생 일시, 장소, 내용 등)

년   월   일

○○○○○ 직장 내 괴롭힘 심의위원회 위원장 (서명 또는 인)

직장 내 괴롭힘 심의위원회 참석 안내

○○○ 귀하

　○○○○○ 직장 내 괴롭힘 심의위원회는 「○○○○○ 직장 내 괴롭힘 예방에 관한 내규」 제00조에 의거하여 제00회 직장 내 괴롭힘 심의위원회를 아래와 같이 개최하고자 하오니 참석하여 주시기 바랍니다. 참석하기 어려운 사정이 있는 경우 서면으로 의견진술을 대신할 수 있습니다.

1. 일시 :　　년　　　월　　　일　　시

2. 장소 :

3. 안건 :

4. 사안 개요 (발생 일시, 장소, 내용 등)

의 결 서

1. 안 건 명 :

2. 심의결과

결정 사항	결정 내용	비고
직장 내 괴롭힘 여부에 대한 판단		
행위자에 대한 조치 권고		
피해자 보호조치 권고		

※ 2차 피해 예방 및 재발방지대책 제언 : [별지] 기재

위와 같이 의결합니다.

년   월   일

위원장   (서명 또는 인)

위원   (서명 또는 인)

위원   (서명 또는 인)

위원   (서명 또는 인)

위원   (서명 또는 인)

위원   (서명 또는 인)

210mm×297mm[백상지 80g/㎡]

조사결과 및 직장 내 괴롭힘 사건 심의위원회 심의결과 통보서

1. 사안 개요

  (1) 당사자 ※ 직위, 직급, 연령, 성별 등 개인정보보호를 위해 익명 처리 및 선택적 기재

   - 피해자 :

   - 행위자 :

  (2) 사건 현황 (발생 일시, 장소, 발생 경위 등)

2. 조사 결과

   - 조사 내용 중 주요 사항 및 조사 경과(일정)를 간략히 서술

3. 성희롱 · 성폭력 고충심의위원회 심의 결과

    (1) 성희롱 · 성폭력 여부에 대한 판단

    (2) 행위자 조치사항 권고 내용

    (3) 피해자 보호조치 권고 내용

    (4) 2차 피해 예방 및 재발 방지대책 내용

년   월   일

○○○○○ 기관장 (서명 또는 인)

재발방지 서약서

성   명 :

소   속 :

연 락 처 :

　　본 서약서는　　　　년　　월　　일 '직장 내 괴롭힘 신고센터'에 접수된
직장 내 괴롭힘 사건의 처리에 대해 피신고인이 재발방지를 위해 서약한 내용입니다.

　　본인은　　　　년　　월　　일　　　에서 신고인　　　에 대한 직장 내 괴롭힘
행위사실 (유형 :　　) 을 인정합니다. 이후 유사한 직장 내 괴롭힘 행위 및 신고인
(피해자)에 대한 어떠한 2차 피해를 야기하지 않을 것을 서약합니다. 뿐만 아니라 유사한
직장 내 괴롭힘 행위의 재발 방지를 위해서 최선을 다하겠습니다.

　　또한 「○○○○○ 직장 내 괴롭힘 예방에 관한 내규」 제○○조(비밀유지 의무 등)에
의거하여 신고인(피해자)의 의사에 반하여 해당사건과 관련된 어떠한 자료나 정보도 공개하
지 않을 것을 서약합니다. 이 서약을 이행하지 않을 경우 민·형사상 책임은 물론 어떠한
처벌이라도 받을 것을 약속합니다.

년　　월　　일

피신고인　　　　　　　(서명 또는 인)

합 의 서

신 고 인:
피신고인:

본 합의서는 직장 내 괴롭힘의 처리에 대한 당사자 간의 합의에 관한 사안입니다.

합의내용 ① (피신고인 성명)이 작성한 각서의 이행
        ② (신고인 성명)에 대한 개인적 연락 및 접촉 금지
        ③
        ④

(피신고인 성명)는 본건의 처리에 관한 위의 합의 내용에 동의합니다. 본인의 행위를 인정하고 이를 반성하며, 이후 사건의 재발방지 및 비밀유지를 서약합니다. 이 합의가 이행되지 않을 경우 민형사상 책임은 물론 어떠한 처벌이라도 달게 받을 것을 서약합니다.

(신고인 성명)는 본건의 처리에 관한 위의 합의 내용으로 사건을 종결하는 것에 동의합니다. 이 합의가 이행된다면 사건의 비밀유지 및 추후 본 사건에 대한 다른 방법으로의 문제제기를 하지 않을 것을 서약합니다.

년 월 일

신 고 인   (서명 또는 인)
피신고인   (서명 또는 인)
담 당 자   (서명 또는 인)